总　　序

货币史是经济史的重要组成部分。

货币史研究可以分为两种形式：一是关于古代货币本身的研究，在中国体现为《钱谱》《古泉谱》等民间著作，西方国家亦有各种《钱币目录》流传于世，这种研究被称之为"钱币学"；二是关于古代货币发展历程的研究，在中国体现为历朝的《食货志》，以及近代学者撰写的货币史论著，西方国家亦有各种关于古代货币发展历程的专著。

近代数百年间，世界范围的社会史学出现了蓬勃的发展，结合古代钱币学的丰硕成果，促进了货币史学的崛起，各种货币史著作纷纷涌现，使我们能够在此基础上，开展进一步的研究。

研究货币史可以使我们同时获得两个方面的学术成果：一是货币学的学术成果；二是历史学的学术成果。研究外国货币史更可以使我们深刻了解世界各国的社会结构、历史演变和文化根源。

货币史学借助货币学与历史学学科交叉的方式，通过对古代各王朝货币状况的分析，深入探讨货币起源、货币本质、货币演变规律等货币理论，使货币理论从历史实践上获得更加坚实的基础。

此外，货币史学更重要的意义在于揭示历史真实，辨真伪，明是非，以史为鉴，面对未来。

古代各民族、各王朝的盛衰兴替，都有政治、经济、军事、文化等诸多方面的原因。然而，传统的政治精英史对于古代各民族、各王朝的败亡，多归咎其军事失败或政治失败，很少分析其经济原因。

马克思主义主张：经济基础决定上层建筑。采取马克思主义的科学研究方法，分析古代各民族、各王朝的经济变化，才是找出其败亡原因的最佳途径。

从经济角度研究古代社会是一个比较可靠的视角。记述历史的人，大多难以摆脱其政治立场。因此，史书典籍中记载的帝王将相、社会精英们的政治、军事活动及其言论主张，多有虚假伪造。经历了后世历代王朝基于各种不同政治立场的人们的反复篡改，历史就变得更加扑朔迷离。然而，无论是伪造历史，还是篡改历史，都围绕着政治立场展开，很少在社会经济状况方面蓄意作伪。于是，从经济角度研究古代社会，我们就获得了一个比较可靠的研究视角。

无论在中国古代，还是在外国古代，货币都是社会经济中枢纽带。货币发展对社会变化发挥着重要的影响作用。所以，研究外国货币史是拨开世界古代各国、各王朝盛衰兴替迷雾的"钥匙"。

然而，迄今为止，我国对世界各国货币史知之甚少，有关资料、书籍十分匮乏。为此，国民信托博士后工作站与华南理工大学货币法制史研究中心联手合作，针对世界各国货币史进行研究。在此基础上，我们邀请了一批国内金融学、法学、史学和外国语的专家学者，经过认真广泛的调查搜集，筛选了一批外国货币史著作，翻译成中文，介绍给国内读者。

我们相信，这套《外国货币史译丛》的出版，对于我国货币理论研究，以及我国关于世界各国历史、政治、经济和文化的研究，具有一定的参考价值。

2017 年 4 月 16 日

序　言

　　本书主要记述了韩国货币的历史沿革并收录了部分货币的图片样本，旨在帮助读者全面了解和认识韩国货币。

　　本书以 1960 年 6 月 12 日我行①创立 10 周年纪念日发行的《历代韩国货币概观》为蓝本，在该书的基础上加强资料收集与整理，并对这些资料进行深入调查研究后撰写而成。此外，书中第二部分所列出的图鉴资料大多出自韩国银行货币展示馆内陈列的货币，经再次考证、分类、整理后拍摄而成。

　　由于《历代韩国货币概观》与本书在发行年度上存在间隔，期间产生了一些新的调查研究结果，故两书在内容上略有差异，望广大读者见谅。

　　图鉴部分所收录的货币图样原则上以国内制造和流通的货币及部分参考品为主，货币制造或发行年度仅用初始年度表示。形状大小方面，铸造货币全部按照原大小收录，纸币则按照 10∶7 或者 2∶1 的比例缩小后收录。由于篇幅有限，无法收录纪念币，在此深表遗憾。

　　编者最初计划编写涵盖历代货币制度的韩国货币经济史。然而，随着相关资料的搜集和调查研究的不断深入，编者渐渐发现所研究之对象过于庞大，因此，本书只针对货币方针政策的历史沿革进行记述，潦草收尾。对于书中存在的诸多谬误和不当之处，还望读者

---

　　①　译者注：韩国银行，即韩国的中央银行。

加以指正。同时，编者将继续钻研，力求完成内容更加饱满、名副其实的韩国货币史书。

衷心期盼各界人士的支持与赐教。最后，对于在两年时间里始终坚持不懈为本书编纂执笔的韩国银行发券课赵秉贤行员和大力支持本书发行的李承模先生表示衷心的感谢。

发券部部长　李大镐
1966. 12. 31

目　录

第一篇
韩国货币史

古代货币的概念和种类

在古代中国，货币涵盖的范围非常广泛。它不仅可以作为人们日常生活中交换的媒介物，也可以作为亲朋好友之间的馈赠品和帝王的赏赐品等。因此，界定古代货币并非易事。古代货币的意义一直模糊不清，且随着时代的发展，其职能也有所改变。综观历史，以下七种物品在不同时期分别承担了货币的具体职能，它们是谷物、布帛、贝壳、珠玉、皮革、农工具和金属。

谷物承担货币职能在古代各国都是不争的事实。布帛在原始货币中占有重要的位置，被看做是最广泛流通的媒介物。中国古代汉字中"布"字包含了货币的意思，即便在金属货币出现以后，人们依然使用"布"字作为货币的称谓，当时的布多为麻布。起初，人们将布与帛作为馈赠品和赏赐品，这在众多文献资料中都有体现。之后，人们又将布帛与谷物作为日常交易的媒介物，这在《晋书》①《隋书》② 和《食货

①　译者注：中国二十四史之一，［唐］房玄龄等人合著。
②　译者注：［唐］魏征主编，记载隋文帝开皇元年（581 年）至隋恭帝义宁二年（618 年）的历史。

志》① 中亦有记载。

在汉字中，表达经济关系的文字大都包含"贝"字，因此，笔者有充分理由相信，贝壳也承担过货币的职能。考古学家在出土品中发现了一些装饰用的并被切割的贝壳和金属，笔者由此猜想贝壳在古代作为货币使用时，不一定具备完整的圆扇形状。

珠玉在中国殷、周时期被看做是极其珍贵的物品，可与黄金、刀、布共同作为流通货币使用。

皮革货币起源于中国汉武帝时期的白鹿皮币②，农工具货币则可追溯到周朝。当时的人们仿照农具"铫"③、伐木具"釿"④、工具"刀"的形状打造货币。

在金属货币方面，长期以来，黄金、铜块作为实物货币被广泛使用，但其并不能被称为"铸币"⑤。

货币的出现与变迁

货币虽然在人们的日常生活中发挥着重要的作用，但是在任何经济体系里，它并不是绝对必要的存在。原始社会中，由于人们自给自足，自己生产生活必需品，因此并不需要使用货币作为交换工具。然而，随着欲望的增长，人们不但想拥有自家生产的物品，也渴望获得他家生产的物品。当某种产品的产量超过自给所需时，就出现了和其他特定产品之间的交换。

交换的最初形式是某种商品和商品之间的偶然交换，在经历了长时间的交换后开始形成定式。随着特定商品的交换频率和交换数量不断增加，其他商品都开始和此特定商品进行固定交换。由此，特定商品就成

---

① 译者注：中国纪传体史书中专述经济史的篇名。
② 译者注：西汉武帝元狩四年（公元前 119 年）发行的货币。
③ 译者注：一种大锄。
④ 译者注："釿"同"斤"，即斧头。
⑤ 译者注：即铸造货币。

为了交换价值的尺度。

具有交换价值的特定商品（自然货币、实物货币）作为商品货币登场后，极大缓解了自家产品与他家产品之间直接交换产生的不便。人们可以先用自家生产品与特定商品进行交换，等到合适的时机出现，再用作为商品货币的特定商品去交换所需的物品。

于是，货币逐渐成为了交换经济社会中必不可少的便利工具。在现代经济中，货币的职能日益复杂，其无限的持有亦是资本主义经济的最高目标。货币早已超出便利交换工具的职能范围，可以毫不夸张地说，没有了货币，现代经济生活根本无法进行正常运转。

货币的变迁可以简单概括为由自然货币（商品货币）向称量货币（重量货币金、银、铜等）和非称量货币（铸币）的转变。货币由本位货币（金、银币）和辅助货币组成，本位货币包含现金准备发行银行券、证券保证发行银行券、可兑换银行券和不可兑换银行券等。

第一章
高丽之前的货币

第一节　史前时代

　　由于缺乏史料依据和文献支撑，朝鲜半岛是否经历过旧石器时代尚无定论。然而，日本人的"关于在咸北忠城郡①发现类似细石器②的黑曜石片和赤鹿、巨鹿犄角骨做成的尖器等旧石器时代"言论③和在钟城④附近发现古象的臼齿、肢骨的事实，以及在与朝鲜半岛相邻的中国大陆和日本列岛发现的旧石器时代遗迹等种种线索，使得部分学者认为韩半岛的确经历过旧石器时代⑤。

　　然而，迄今为止我国境内发现的遗物均出自新石器时代。考古学研究报告显示，朝鲜半岛的新石器时代至少应该追溯到公元前

---

　　① 译者注：位于今朝鲜北部的咸镜北道，具体位置有待考证。
　　② 译者注：细石器是指采用间接打击法制成的小型细石核、细石叶和用于进一步加工的石器。
　　③ 直良信夫，《朝鲜潼关镇发掘旧石器时代的遗物》。
　　④ 译者注：位于今朝鲜北部咸镜北道稳城郡。
　　⑤ 金元龙，《韩国文化的考古学研究》（《韩国文化史大系》（第一卷）p. 245）；金载元，《史前时代》（《韩国史》（古代编），p. 11）

2000 年。

在朝鲜半岛和满洲①，尚未发现旧石器时代的任何线索。我们的祖先或许在中国大陆北方地区经历了旧石器时期并习得了新石器技术，他们开展狩猎②甚至是更高级别的采集经济③，在漫长的岁月中不断向东部迁移。他们被认为是新石器时代初中期进入到满洲西便地区④和朝鲜半岛的濊貊族⑤。

朝鲜半岛的新石器文化大体由与中国北部连结的无文字土器系文化和从东部西伯利亚地区传播而来的有文字土器系文化组成，两种文化线索在韩半岛全域都有体现。其中，无文字土器系文化分布在丘陵地带，居民多以狩猎为生；有文字土器系文化分布在海岸、河川流域，居民多以渔捞为生。两种文化成为韩鲜半岛新石器时代文化的代表，而当时所谓的“南方文化”⑥ 在国内几乎没有任何体现。

笔者由此认为，这一时期从朝鲜半岛南部迁入的民族人口数量远远少于半岛北部。

在史前时代，朝鲜半岛以原始森林为主，居民多分布在山涧、溪谷、河流一带，他们以狩猎为生，并通过改良工具捕获淡水鱼贝。随着新石器时代的到来，居民们开始栽培可食用植物，饲养可食用动物，经营着简单而原始的土著生活。

这一阶段，石器成为人们生产生活的主要器具，骨角器、土器、木器等工具也陆续出现。考古学家在相关出土品中发现了大量磨制器具，出土的石器主要有石斧、石枪、石刀、石剑、石锹、石针、石镞等；出土的骨角器有骨针、钓钩等；土器方面则有食器、皿、甕、高杯等。

---

① 译者注：今中国东北地区。
② 译者注：以狩猎为主导的经济生活，人们学会制造使用石器，并学会用火。
③ 译者注：以采集自然界的天然产物为生的经济生活。
④ 译者注：满洲一带，具体位置有待考证。
⑤ 译者注：中国东北南部地区和汉四郡故地的古老的地区部族。
⑥ 译者注：源于中国长江下游的百越文化。

然而，我们无法得知当时人们栽培植物的种类。对于今天作为千家万户主要粮食"大米"的由来，也无法考证。从在金海贝冢①发现的野猪、鹿、牛、马等动物的兽骨和炭化米推测，当时的人们已经开始种植五谷并通过蒸煮的方式食用。

这一时期的出土品中并没有关于钱币的任何线索，笔者由此认为，当时的人们将食物、农耕道具、渔捞、狩猎器材和装饰品等自然货币进行交换使用。

第二节　古代朝鲜

一、箕子朝鲜

众所周知，我国的历史源于檀君神话②，后又经历了箕子朝鲜③和卫满朝鲜④时代。然而，即便是国内学者，也会对开国神话檀君一说的真实性产生怀疑。综观世界各国历史，先祖的形象往往都会被神化，在没有确切史料佐证的情况下，人们更倾向于将神话传说作为一个国家历史的开端。

箕子朝鲜⑤与中国周朝⑥时间吻合。周朝的青铜器技术非常成熟，百姓开始使用钱币⑦。因此，有观点认为箕子朝鲜时期，国内也开始铸造并使用钱币。

---

① 译者注：今韩国庆尚南道东南部遗址。
② 译者注：公元前 2333 年，檀君降生于太白山（长白山），建立"檀君朝鲜"。朝鲜开国神话，出自高丽僧人一然编写的《三国遗事·纪异》。
③ 译者注：中国殷朝末期，箕子来到朝鲜，继檀君朝鲜之后建立"箕子王朝"。出自伏生的《尚书大传》。
④ 译者注：公元前 194—公元前 108 年，燕人卫满率千余人进入朝鲜，推翻"箕子朝鲜"，建立"卫满朝鲜"。
⑤ 译者注：公元前 1120—公元前 194 年。
⑥ 译者注：公元前 1046—公元前 256 年。
⑦ 译者注：布币、刀币、圜钱等。

史书中提到①，在距今 2900 年前的箕子朝鲜兴平王（9 代）元年（周穆王 45 年，即公元前 957 年）出现了子母钱。作为国内最早的钱币，子母钱共有大小两种②。

然而，箕子朝鲜被更多人认为是毫无事实根据的神话传说。究竟是箕子迁移之后建立了箕子朝鲜，还是箕子本身就是朝鲜的原住民？考古学研究报告显示，箕子朝鲜时期尚未与中国有所往来，没有脱离新石器时代的居民仅将谷物、布帛作为原始货币交换使用。因此，子母钱铸造一说的真实性有待考证。不仅如此，关于子母钱铸造的史籍均为后世史学家撰写，并无实物证明，故可信度较低。

二、卫满朝鲜

与中国的正式交往应是在卫满朝鲜时代以后。秦末汉初之时，中国经历着战争动乱，许多燕人、赵人、齐人迁移至朝鲜半岛。其中，有个名叫卫满③的燕国人于公元前 194 年建立了卫满朝鲜。国内出土的卫满朝鲜石器上刻有中国汉代青铜器图案，笔者由此推测当时的原住民尚未完全脱离金石并用时期④，他们过着原始简单的生活，没有铸造和使用货币的能力。然而，考古学家在平安北道的渭原、宁边以及平安南道的宁远和全罗南道的康津等地发现了明刀钱⑤，这些钱币散落在防洪工程和道路工程地带，与中国北部地区出土的燕明刀钱极为相似。根据这一发现，有观点认为卫满朝鲜时期国内已经开始使用中国的钱币。所谓的明刀钱，是东周末战国时代燕、赵等国流通的刀币。周朝有着厚葬的习俗，大量钱币用于陪葬，因此，明刀钱成为迄今为止国内残存数量最多

---

① 《历史辑略》（卷二·兴手王条）；《东国史略》（卷一）；《大东史纲》（卷一）；《大东历史》（卷二：兴平王章）；柳子厚，《朝鲜货币考》，1940 年。

② 译者注：母钱为大钱，子钱为小钱。

③ 译者注：关于卫满的出身，一种观点认为卫满是古朝鲜游民，而另一种观点认为卫满是燕国人。

④ 译者注：新石器时代到青铜时代之间的人类物质文化发展的过渡性阶段。

⑤ 译者注：明刀钱是中国战国时期燕国最重要的法定货币，铸于燕国商品经济最发达时期。

的周朝钱币。明刀钱出现在作为中国古代都市文明中心的燕①一带不足为奇，但这些钱币能否跨过辽东地区，在朝鲜半岛这样的异国他乡流通使用？假设当时朝鲜半岛的居民已经开始使用周朝钱币，那么朝鲜半岛与中国本土的交往联系应该是从卫满时期甚至更早的时期开始。然而，国内的出土品并没有可以体现古代中国周朝文化的线索，相反，这些文物恰好证明当时的朝鲜半岛尚未脱离金石并用时期。即便从周朝开始，朝鲜半岛与中国有所往来，笔者也认为汉代初期阶段的朝鲜半岛尚未开始铸造并使用钱币。一些汉人②，或是与汉人有过接触的辽东居民收藏了陪葬和装饰用的钱币，国内出土的明刀钱，应该是这些人在迁移过程中遗留下来的。

《魏书·东夷传》③ 辰韩条中提到，辰韩的原住民居住在山地一带，他们和从秦国逃亡而来的韩人④一起生活。这些东移而来的韩人又是否会携带明刀钱？明刀钱出土的全南康津⑤地区曾是马韩⑥的领土，也是这些移住民从辽东或半岛北部一带通过海路南下上岸的必经之路。因此，笔者推测，国内出土的明刀钱并不属于居住在山地且尚未脱离金石并用时期的原住居民所有，而是汉人，以及和汉文化接触过的人携带至国内的。

同时，笔者认为，这些明刀钱只是单纯作为金属物品被收藏，并没有发挥货币的职能。当时的移民尚不具备建立国家的条件，他们仅以氏族集团或者部落集团的形式进行生产、生活，通过便利的河川海路不断迁移，寻找宜居地，这在地域考察中可以体现。离开了中国的移住民们来到了商业文化相对落后的朝鲜半岛，他们曾经拥有的先进文化和货币

---

① 译者注：周朝诸侯国，疆域范围大致为现今北京、天津、辽宁等地。

② 译者注：中国主体民族。

③ 译者注：此处应为《三国志》（卷三十）；《魏书》（乌丸鲜卑东夷传）。

④ 译者注：周朝诸侯国韩国居民。

⑤ 译者注：即全罗南道康津郡，今韩国西南端。

⑥ 译者注：公元前100—300年，位于忠清、全罗两道的部落联盟，后被中国东北的扶余人征服。

制度却在这漫长坎坷的迁移途中逐渐消失。

除了明刀钱，考古学家没有发现这一时期与中国文明有关的其他出土品。综上分析，国内发现的明刀钱是移民携带而来的，并不曾有过实际的流通和使用。

图 1　明刀钱

三、汉四郡

与汉朝关系密切的四郡①（乐浪、临屯、玄菟、真番）之中，存在时间最长的乐浪郡②流通并使用过汉朝的五铢钱③。考古学家在以平壤为中心的乐浪郡遗迹中发现了大量可以确定为流通货币的五铢钱，而在同一时期的墓穴中，还发现了制造五铢钱的钱范。笔者由此得出结论：五铢钱早期从中国流入并在乐浪郡流通，随着需求量的增

----

① 译者注：汉武帝在公元前 109—公元前 108 年剿灭卫满朝鲜后设立的乐浪郡、临屯郡、玄菟郡、真番郡四个郡的总称（公元前 108 年—313 年）。

② 译者注：汉武帝于公元前 108 年在卫满朝鲜地区设立的郡。

③ 译者注：中国钱币史上使用时间最长的金属货币，始于公元前 118 年。

加，人们开始就地铸造。然而，有观点认为五铢钱并没有在乐浪郡全域流通，仅仅集中出现在都市繁华地带。还有观点认为这些钱币仅仅流通于中国的移住民之间，而当时的原住民仍然使用米、布等物品进行简单的商品交换。

后汉灵帝（186年）

图2　四道五铢钱

四、马韩的铜钱

史书记载，马韩安王21年（汉文帝11年，即公元前169年），即距今约2050年前，马韩境内进行了铜钱的铸造①。

考古学研究报告显示，这一时期属于新石器时代末叶，部族社会进入到农耕定居时期，交换方式仍为传统的物物交换，故铸钱一说的真实性有待考证。所谓史书记载，多为后世学者编纂，由于缺乏实物证据，不足为信。

五、辰韩的铁钱

史书中出现了辰韩②铸造并使用铁钱的记录③。

---

① 《大东历史》（卷四）；《大东史略》：马韩记。

② 译者注：公元前2世纪末至公元4世纪左右半岛南部民族部落之一，与马韩及弁韩合称"三韩"。

③ 柳子厚，《朝鲜货币考》，1940年；《海东绎史》（卷二十五·钱货条）；《献备考》（卷一百六十四·互市条）；《东国史略》（卷一·辰韩条）；《万国事物纪元历史·货币条》；《增补事类通编》（卷六十八）。

辰韩旧址洛东江①下游贝冢及周边地区出土了新石器时代末期的遗物，这些遗物体现出辰韩的生产力水平十分落后。因此，笔者认为当时的人们并不具备铸造钱币的能力，其交换方式仍为简单的物物交换。

然而，《三国志》②中有"辰韩国出铁，诸市买用铁，如中国用钱"的记录。

书中提到，弁韩和辰韩由二十四个部落组成，大部落平均有四五千户人家，小部落仅有六七百户人家，全部相加也不过四五万余户。在这样一个小规模部落国家中，很难进行钱币的铸造和使用。

然而，辰韩确实出产过大量砂铁。当时正处于新石器时代末叶，各地对铁的需求量极大，辰韩因大量出产砂铁而成为了铁地金③的重要供给地。来自马韩、濊④、倭⑤等邻国的商人们纷纷用自己的物品与辰韩交换加工后的铁地金，笔者认为，这种交换被后人认作是货币的使用而被记录在册。所谓加工后的铁地金，与新罗时代出现的铁锭非常相似。

六、东沃沮

东沃沮⑥同样有着使用无文钱⑦的记载⑧，但这在当今考古学调查结果中无法得到证实。

---

① 译者注：韩国第一长河，发源于太白山（长白山）附近的黄池，流经庆尚南道和庆尚北道的岭南地区。

② 译者注：[西晋]陈寿著。

③ 译者注：金属块，可制成大小不一，成分不同的金属制品的原材料。

④ 译者注：即濊貊族。

⑤ 译者注：即日本。

⑥ 译者注：沃沮是公元前2世纪至公元5世纪半岛北部部落，东沃沮大致位于今朝鲜咸镜南道。

⑦ 译者注：没有铭文的钱币。

⑧ 《泉志》；《海东绎史》（卷二十五）；柳子厚，《朝鲜货币考》，1940年。

第三节　三国时代①

一、新罗②

三国时代，小型氏族社会集团逐渐发展壮大并具备了国家的形态，最终形成了以新罗、百济和高句丽为代表的三个国家。其中，新罗最早建立，之后是高句丽和百济。虽然考古学家并未发现新罗时期使用钱币的确实证据，但史书中有着新罗人铸造并使用金、银无文钱③的记录。庆州一带的新罗时期墓穴中，出土了金冠等贵金属制品，但没有金币或类似钱币的物品。由此，笔者认为新罗时期尚未开始用钱。市场上，麻布和谷物是百姓进行商品交换的主要媒介，金、银佩饰则多用于贵族之间。

新罗时期的出土品中有大量金指环、银指环、金耳环、银腕钏等佩饰。众所周知，新罗时代的贵金属制品做工精美，被评定为世界级的美术工艺品，可见当时金的使用普遍，冶金技术也颇为发达。但仅以此判定新罗时期已经开始铸造并使用金钱、银钱的观点未免有些牵强。

史书中提到了新罗时期金锭、银锭和铁锭的使用④。虽无实物证明，但可以肯定的是，在新罗时期，金银等细工品作为佩饰深受上层社会喜爱。这些装饰品的原材料，或许就是书中提到的金锭和银锭⑤。庆尚南道昌宁郡昌宁面校洞里第 94 号墓穴和庆州金铃冢出土了大量铁地金块和多个大小不一的炼铁板，这些铁地金块应为史书中提到的铁锭的原材料。铁地金块确为金属制品的原材料，但我们并不能将其定义为脱

---

① 译者注："三国时代"即新罗、百济、高句丽并存的时代。

② 译者注：公元前 57 – 935 年。

③ 《海东繹史》（卷二十五·钱币条）；李能和，《佛教通史》（上编·金大悲编）；Alam. D. Creig., *The Coins of Korea*, 1955 年；柳子厚，《韩国货币考》，1940 年。

④ 黑田干一，新罗　铁锭（关于新罗的铁锭），1938 年；黑田干一，新罗　金银（关于新罗的金银），1937 年；Alam. D. Creig., *The Coins of Korea*, 1955 年。

⑤ 译者注：加工后的地金块。

离了物物交换范围的金银钱币。

二、百济①

迄今为止，我国境内尚未发现百济时期的出土钱币，史书中也没有相关的用钱记载。因此笔者推测，百济与邻国新罗一样，通过谷物、布帛等自然货币进行商品交换，且这种传统的物物交换是当时存在的唯一交换方式。

三、高句丽②

和新罗、百济一样，生活在高句丽的人们也将布帛、谷物等物品作为交换媒介。书中并无这一时期的用钱记录，同时期出土品中也没有任何体现钱币的线索。只是在 1938 年 10 月，考古学家在位于平壤东部的平安南道原东郡晚达面腾湖里高句丽墓穴中发现了一枚汉朝时期的五铢钱，这使得部分学者认为汉钱自高句丽时代流入。这一观点是否成立？通过地理位置分析，这个藏有五铢钱的墓穴是在高句丽首都从满洲辑安迁移至平壤后形成的，而此时距离乐浪郡的灭亡也不过百年，由此判断，这枚钱币应是乐浪郡使用过的汉代五铢钱。乐浪灭亡后，钱币流传于后世，偶用于陪葬放置在墓穴当中。笔者认为，仅凭一枚五铢钱无法证实高句丽时期汉钱流入的观点。

综上所述，从古代朝鲜到三国时期尚未开始出现钱币，布帛、谷物作为人们进行日常商品交换的主要媒介，这种物物交换的传统方式一直延续到高丽时期。

---

① 译者注：公元前 18—663 年。
② 译者注：公元前 37—668 年。

第二章
高丽时期①的货币

第一节　肃宗朝以前②

受中国唐宋文明的影响，高丽时期在政治、经济、文化等方面都有了明显的改革和提升，货币制度也迎来了蓬勃发展的新局面。

一、从中国流入的钱币

高丽初期依旧延续着前朝的交换方式，百姓们用米、布等物品进行简单的物物交换。随着时间的推移，人们开始意识到钱币的便利，一些和中国进行贸易往来的商人，以及和中国有着密切关系的高官大员开始使用开元通宝③、乾元重宝④等唐朝残留钱币。考古学家在高丽初期的墓穴中发现了大量开元通宝，由此印证了这一时期中国钱币流入国内的事实。

此外，考古学家在高丽初期到中期过渡的这一短暂时期生成的墓穴

---

① 译者注：918—1392 年。
② 译者注：高丽肃宗王颙（1095—1105 年在位）。
③ 译者注：唐朝货币，始铸于唐高祖武德四年。
④ 译者注：唐朝货币，始铸于唐肃宗乾元元年。

中发现了宋朝的淳化元宝①、元丰通宝②、至禧通宝③、天和通宝④、治平通宝⑤、熙宁通宝⑥、祥符通宝⑦、至道通宝⑧等钱币，由此更能说明当时中国钱币已流入高丽境内。

这些宋朝钱币的铸造手法非常拙劣，极有可能是仿造而成。笔者推测，生活在高丽时期的人们在和中国的交往中逐渐意识到钱币的重要性，他们开始就地仿造中国钱币并进行使用。如果用现代概念来解读，这些仿造钱币实为非法的伪造货币。然而，史书中并没有这一时期铸造货币的记录。

二、始铸铁钱

成宗15年（宋太宗至道2年，即996年），史书中出现了最早的铸钱记录⑨，然而记录中只提到了方孔圆形铁铸钱，并无具体说明。

三、乾元重宝背东国铁铸钱和无文钱

位于开城⑩附近的高丽时期墓穴出土了少量乾元重宝背东国铁铸钱和无文铁钱⑪。一种说法是乾元重宝背东国铁铸钱是以唐朝的乾元重宝为模本铸造而成的，为了和中国钱币有所区分，所铸钱币背面上下刻有"东国"二字。然而，这种说法并不确实。另一种说法是乾元重宝背东国铁铸钱和无文铁钱均在成宗15年（宋太宗至道2年，即996年）铸造的，通过史料分析，这一观点不无道理。

---

① 译者注：北宋钱币，始铸于北宋太宗淳化元年。
② 译者注：北宋钱币，始铸于北宋神宗元丰年间。
③ 译者注：北宋钱币，始铸于北宋太宗淳化元年。
④ 译者注：此处或为天显通宝。
⑤ 译者注：北宋英宗治平年间（1064—1067年）铸造。
⑥ 译者注：北宋神宗熙宁年间（1068—1077年）铸造。
⑦ 译者注：北宋钱币，铸于宋真宗大中祥符年间（1008—1016年）。
⑧ 译者注：疑为至道元宝，北宋钱币，铸于至道元年（995年）。
⑨ 《高丽史》（卷三·世家三），即成宗15年4月辛酉；《高丽史》（卷七十九·志三十三·食货2·货币条）；《高丽史节要》（卷二），即成宗15年4月。
⑩ 译者注：位于今朝鲜中西部地区。
⑪ 《高丽钱史》（藤间常平卷·古钱志·第一号），p.7。
Alam. D. Creig.，*The Coins of Korea*，1955年。

观察两种铁钱，可以发现乾元重宝背东国铁铸钱系铸而成，形态颇为厚重；而无文铁钱系锻造而成，形态较为轻薄。由于铸造能够批量生产，而锻造需要逐个完成，因此无文铁钱无法像乾元重宝背东国铁铸钱一样进行大量生产。乾元重宝背东国铁铸钱作为官铸钱币在市面上广泛流通，流通时间与成宗15年的铸造铁钱时间记录相吻合。无文铁钱在民间通过手工锻造的方式小规模生产，多用于陪葬，这种钱币亦被认为是仿造钱币。

中国唐朝使用的钱币几乎都为铜铸钱币，而这一时期国内铸造使用的钱币却为何都为铁铸钱币？另外，成宗15年正值中国宋朝太宗至道2年（996年），此时距唐朝乾元元年（758年）已过去238年，间隔如此久远，人们为何依然模仿中国唐朝的乾元重宝铸造钱币？这些问题有待笔者进行深入的探索和研究。

根据史料记载，乾元重宝背东国铸钱还包含部分铜铸钱币①，这些铜铸钱币是否为后人所铸不得而知。

始铸：成宗15年前后（996年）

大小：25–27mm

正反面：无字

其他：并非铸造而为炼造，或有铜铸钱

图3　无文钱（铁钱）

---

① 《古钱志》（第四卷·第七号），p.157；Alan D. Creig., *The Coins of Korea*，1955年。

始铸：成宗15年（996年），具体不详

大小：26－27mm（铁铸），23mm（铜铸）

反面：上方"东"字，下方"国"字；

其他：有铁铸钱币和铜铸钱币，铜铸钱币或为后期仿造

图4　乾元重宝（背东国钱）

四、流通情况

尽管此时国内已经开始铸造钱币，但民间的百姓依然无法改变传统的交换方式，所铸钱币仅在特殊阶层（前文提到的和中国有着密切交往的贸易商人和高官大员）流通和使用。

为了普及钱币，国家强制百姓用钱并下令全面禁用麤布①。然而，钱币的使用情况并不乐观。穆宗5年（宋真宗咸平5年，即1002年）7月8日，侍中韩彦恭上书请求撤回强行使用钱币的命令。韩认为，除了官营的茶酒食店之外，国家不应强制百姓使用钱币，市场交易买卖需遵循便利的原则②。由于这一时期的出土钱币数量远远少于高丽其他时期，因此笔者推测当时的钱币只停留在试用阶段，尚未普及。

---

① 译者注：质地粗糙的布。

② 《高丽史节要》（卷二·穆宗5年7月）；《高丽史》（卷七十九·志三十三·食货二）；《高丽史》（卷九十三·列传六·韩彦恭条）。

第二节 肃宗朝以后①

一、铜钱发行

铁铸钱发行百年过后的高丽肃宗 2 年（宋哲宗绍圣 4 年，即 1097 年）12 月 13 日，国家设置了最早的铸钱官一职，负责管理铸币事宜②。朝中的进步派与保守派就铸钱问题展开了激烈的争论，最终，铸币工作在文宗四子大觉国师义天的极力推动下全面展开。

肃宗 6 年（宋徽宗建中靖国元年，即 1101 年）4 月 26 日，宗庙宣告用钱事宜③；肃宗 7 年（宋徽宗崇宁元年，即 1102 年）12 月，国家制定鼓铸法④，铸出海东通宝一万五千贯，分赐宰枢和文武两班军卒。另外，国家在城内开设公营酒食馆，鼓励百姓使用新铸钱币进行支付⑤。

史料除了提到海东通宝的发行之外，再无其他铸钱记录。然而，考古学家在位于开城附近江华岛一带的高丽墓穴中发现了刻有三韩通宝、三韩重宝、东国通宝、东国重宝、海东通宝、海东重宝等钱文的六种钱币，通过出处推测，这些钱币应为肃宗 2 年（宋哲宗绍圣 4 年，即 1097 年）之后，与海东通宝同一时期铸造而成的。

上述六种钱币除了钱文以外，在书写体和朗读顺序上也存在着差异。书写方面，钱文的字体分为真书体、行书体、篆书体、隶书体、八

---

① 译者注：1095—1932 年。

② 《高丽史》（卷七十九·志三十三·食货二·货币条）；《东国通鑑》（卷十八·高丽纪·肃宗 2 年 12 月）。

③ 《高丽史》（卷十·世家十一·肃宗 6 年 4 月丙辰）；《高丽史》（卷七十九·志三十三·食货二·货币条）。

④ 译者注：鼓风扇火，冶炼金属之法。

⑤ 《大觉国师文集》（卷十二）；《高丽图经》（卷十六·官府省监条）；《高丽史》（卷七十九·志三十三·食货二·货币条）；《东国通鑑》（卷十八·丽纪·肃宗 7 年 12 月）。

分书体等；而朗读顺序方面，有顺读、对读等 60 余种读法变化①。

始铸：肃宗 7 年（1102 年）

大小：22 – 25mm

反面：无字

其他：唯一拥有确切记录的高丽钱币

真书体　　　　　　　　　　　行书体

图 5　海东通宝

这六种高丽时代的钱币均为铜钱，史料显示海东通宝和三韩通宝还出现了银钱②。笔者认为，所谓的银钱应是用于庆典祭祀的纪念币，不具备货币流通职能。

现存的东国通宝还包含了部分折二钱（平钱的两倍)③，从制作手法和金属质地来看，应为后世仿铸。

综上分析，肃宗 2 年（宋哲宗绍圣 4 年，即 1097 年）以后，国家正式铸造铜钱并鼓励百姓用钱。然而，贫穷的百姓更倾向于用布谷交换物品。肃宗 9 年 7 月（宋徽宗崇宁 3 年，即 1104 年），君王出巡南京，

---

① Alan，D. Creig.，*The Coins of Korea*，1955 年；《海东绎史》（卷二十五·钱货条）。

② 黑田干一，"银钱三韩通宝"，载《货币》第 102 号，1927 年；Alan，D. Creig.，*The Coins of Korea*，1955 年。

③ Alan，D. Creig，*The Coins of Korea*，1955 年。

目睹了地方州县在推行用钱令三年之后仍然效果不佳的情景①，由此可见，当时国内的钱币普及情况并不理想。

二、大银瓶

肃宗 6 年（宋哲宗元符 4 年，即 1101 年）6 月 29 日，银瓶成为国家流通货币②。所谓银瓶，乃是模仿高丽地形用一斤银石打造而成的大型货币。由于其外形酷似瓶子，因此命名为银瓶，民间俗称大银瓶或阔口。

史书中提到③，官制的大银瓶重达一斤，是由十二两半银、二两半铜合制而成，合金过程中产生的利益用于支付工人劳资。

大银瓶外形奇特，在世界货币之中都属罕见。遗憾的是，至今为止国内尚未发现完整的存留品。

和铜钱相比，货币单位较大的银瓶在当时颇为频繁的国际贸易中广泛使用。随着时间的推移，银瓶的使用价值逐渐发生变化。忠烈王 8 年（元世祖至元 19 年，即 1282 年），国家公布折米率（钱货和米的交换基准），在京中④地区，一个银瓶可以兑换十五硕至十六硕⑤大米，地方则可兑换十八硕至十九硕大米。此后，京中署根据每年收成情况适当调整兑换价格⑥。

然而，为了获取私利，官营开始在制作银瓶的过程中掺入大量铜料，与此同时，民间仿制银瓶的现象也格外严重。最终，大银瓶信用度降低，市价不断下滑。

---

① 《高丽史节要》（卷七·肃宗 9 年 7 月辛丑）；《高丽史》（卷十二·世家十二·肃宗 9 年 7 月辛丑）；《高丽史》（卷七十九·志三十三·食货二货币条）；《东国通鑑》（卷十九·高丽纪·肃宗 9 年 7 月辛丑）。

② 《高丽史》（卷七十五·志三十三·货币条）；《高丽史》（卷八十五·志三十九·刑法二·禁令条）；《东国通鑑》（卷十八·高丽纪·肃宗 6 年 6 月）。

③ 《鸡林类事》。

④ 译者注：又称"开京"，高丽王朝及朝鲜王朝初期都城，今朝鲜开城特级市。

⑤ 译者注：硕同石，重量单位。

⑥ 《高丽史节要》（卷二十·忠烈王 8 年 6 月）；《高丽史》（卷七十九·志三十三·食货二·货币条）；《东国通鑑》（卷三十八·高丽纪·忠烈王 8 年 6 月）。

忠肃王 15 年（元泰定帝泰定 5 年，即 1328 年），国家采纳了资赡司提出的整顿银瓶市场的建议，出台了上品银瓶等价麤布十匹，贴瓶① 等价布八匹至九匹的规定，严禁银瓶掺入铜料。然而，执行情况并不理想②，大银瓶质量每况愈下，前景堪忧。

三、碎银③

由于银瓶外形厚重，携带交易多有不便，因此，在忠烈王 13 年（元世祖至元 24 年，即 1287 年），国内市场出现了可以切割使用且便于日常小额交易的碎银。为了保障碎银质量，国家严禁银铜合铸④。

碎银作为重量货币，正式拉开了国家用银的序幕。

四、中国元朝宝钞

忠烈王 13 年（元世祖至元 24 年，即 1287 年）末，中国元朝纸币至元宝钞⑤、中统宝钞⑥流入国内，一贯至元宝钞等价五贯中统宝钞⑦。中国元朝货币成为了高丽时期最早使用的楮币（纸币，俗称钞）。

忠惠王⑧元年（元武宗至大 2 年，即 1309 年），中国元朝生产了至大银钞。时任元朝行省郎的中忻豆作为使臣来到高丽，宣告至大银钞的流通使用事宜⑨。但实际上，至大银钞几乎从未在高丽出现，市场上依旧流通着至元宝钞和中统宝钞。

此后，元朝多次输入至元宝钞和中统宝钞，高丽的百姓也用这些纸

---

①　译者注：大银瓶的一种，具体不详。

②　《高丽史节要》（卷二十四·忠肃王 15 年 12 月）；《高丽史》（卷七十九·志三十三·食货二·货币条）；《东国通鑑》（卷四十三·高丽纪·肃宗 15 年 12 月）。

③　译者注：大小不一、散碎的银块。

④　《高丽史节要》（卷二十一·忠烈王 13 年 4 月）。

⑤　译者注：元世祖至元 24 年（1287 年）印制。

⑥　译者注：元世祖中统元年（1260 年）印制。

⑦　《高丽史》（卷七十九·志三十三·食货二·货币条）。

⑧　译者注：此处应为忠宣王。

⑨　《高丽史》（卷三十三·世家三十三·忠惠王·元年 10 月辛末）；《元史》（卷二十三·本纪二十三·至大 2 年 9 月庚辰）；《元史》（卷九十三·志四十二·食货一·钞法条）。

币向元朝购买书籍等物品①。虽然宝钞在京中等地流通，但使用情况似乎并不理想。迄今为止，我国境内尚未发现出土品，只有一张编号为

ㅆ련례－닝그라－드②的至元宝钞收录在博物馆中。

根据史料记载③，至元宝钞共有五文、十文、二十文、三十文、五十文、一百文、二百文、三百文、五百文、一贯文、二贯文共十一种，而中统宝钞有五文、十文、二十文、三十文、五十文、一百文、二百文、三百文、五百文、一贯文、二贯文等多种。

笔者无法得知当时流通货币的票面价格，只知道一张至元宝钞可以兑换五张中统宝钞。在货币单位方面，五十贯文为一锭。

至元宝钞流通期间，大银瓶的生产工作依旧继续。除此之外，史书中再无其他铸钱记录。

五、小银瓶

这一时期市面上的大银瓶质量低劣，信誉度大不如前。因此，国家决定在忠惠王元年（元文宗天历 2 年，即 1331 年）新铸小银瓶。

一只小银瓶可以换取五升布④十五匹，随着小银瓶的出现，大银瓶开始被禁止使用⑤。市面上，银块的使用日趋活跃。小银瓶、银块、麻布、米成为了国内商品的交换媒介。然而，没过多久，小银瓶同样面临质量下滑的窘境，用料做工极为粗糙，称为铜瓶亦不为过。

---

① 《高丽史》（卷三十四·世家三十四·忠肃王元年 6 月庚寅）；《高丽史节要》（卷二十四·忠肃王元年 6 月），《东国通鉴》（卷四十二·高丽忠肃王元年 6 月）。

② 译者注：韩文编码。

③ 《元史》（卷九十三·志四十二·食货一·钞法条）；曾我部静雄，《纸币发达史》，1951 年。

④ 译者注：即麻布。

⑤ 《高丽史节要》（卷二十五·忠惠王元年 4 月）；《高丽史》（卷七十九·志三十三·食货二·货币条）。

始铸：忠惠王元年（1331 年）

大小：高 60mm，径 32mm

其他：后期铸造品质量低劣，堪称铜瓶

图6　小银瓶

六、标银

恭愍王 5 年（元顺帝至正 16 年，即 1356 年），国家决定改革币制，探讨标银①的发行事宜②。

此时市面上的货币都面临着尴尬的局面：碎银大小不一，银质各异，在兑换时产生了诸多不便；五升布在长时间的使用后变成破旧不堪的麻缕，丧失了交换价值；银瓶质量低劣，成为不折不扣的铜瓶，且外形笨重，在小额商品交换中极为不便；长期消失的铜钱即便再次使用，也很难得到百姓的认可。和上述货币相比，标银似乎更易于保存和携带。因此，有人提出发行固定标印的标银并根据标注的两数进行使用。还有人提议在麻布上进行标记，便于管理。然而，这些提议仅停留在讨

①　译者注：标刻两数的银子。

②　《高丽史》（卷七十九·志三十三·食货二·货币条）；《高丽史节要》（卷二十六·恭愍王 5 年 9 月）；《东国通鑑》（卷四十六·高丽纪·恭愍王 5 年 9 月）。

论阶段，并未加以落实。

七、楮币

恭让王 3 年（明太祖洪武 24 年，即 1391 年），国家废除了掌管布帛事务的弘福都监，新设负责印制楮币的资赡楮币库，开始印制楮币[1]。

尽管此时市面货币种类繁多，但政府依然坚持发行楮币。究其原因，主要是铜材不足，无法生产大批量的铜钱。高丽末期，国运衰退，国内经济局面十分混乱。为了打破僵局，政府决定继续印发楮币。

然而，李成桂[2]发动的政变打乱了政府的楮币发行计划。恭让王 4 年（明太祖洪武 25 年，即 1392 年），侍中沈德符等人提出废除资赡楮币库，已经印制好的楮币和制造楮币木板均被销毁[3]，楮币流通一事化为泡影。

综上所述，高丽时期的货币经历了改革和发展，但在交税、纳贡等方面，百姓更依赖于用谷、布进行支付。货币的职能无法得到充分的发挥，物物交换的传统模式依旧没有得到改变。

---

① 《高丽史》（卷七十九·志三十三·食货二·货币条）。
② 译者注：公元 1388 年，李成桂发动威化岛回军（一场军事政变），掌握高丽政权；公元 1392 年，李成桂自立为王，改国号为朝鲜。
③ 《高丽史》（卷七十九·志三十三·食货二·货币条）。

第三章
李朝的货币

李朝时代延续着高丽时代的交换方式。高丽恭愍王 13 年（1364年），文益渐①将木棉种子引进国内，布币迎来了新的发展契机。李朝初期，以麻、苧布②为代表的布币揭开了太祖时代棉业发展的序幕，之后其流通效力有所下降；进入世宗时期，棉布开始活跃，且随着时间的推移不断壮大普及；中宗时期，棉布成为主要流通手段在市场上占据着独一无二的地位；成宗时期，布币作为主要的对日支付手段，逐渐取代了棉布。

第一节　太祖至太宗朝期间

一、建国初期的货币

李成桂灭高丽，建立了李氏王朝并自封为王③。建国初期，即太祖

---

① 译者注：高丽政治人物，儒学家。
② 译者注：苧通苎，一种植物。
③ 译者注：1392 年，时年 58 岁的李成桂在开京即位，开创了朝鲜王朝五百年基业。

时代①，国家百废待兴，整顿币制一事被暂时搁置。这一阶段，市面上流通的主要货币为高丽时代的残留货币，如碎银、标银、银瓶等。在日常交换中，百姓仍偏爱用米、布一类的商品货币。史书中有着李朝第三任君主太宗在 8 年（明成祖永乐 6 年，即 1408 年）禁止流通高丽银瓶的记载②。

李太祖 3 年（明太祖洪武 27 年，即 1394 年），户曹判书李敏道建议发行新货币，但出于种种原因无法实现③，这一记录被部分后世学者误认为朝鲜通宝④是在太祖时代制造发行的。

二、楮币发行

前文提到，高丽银瓶于太宗 8 年（明成祖永乐 6 年，即 1408 年）停止流通，而在此之前的太宗元年（明惠帝建文 3 年，即 1401 年）4 月⑤，左议政河仑建议设立司赡署管理楮币的印发工作，这一建议被太宗采纳，李氏朝鲜开始制定最早的楮币法并印制发行楮币⑥。此后，经历了长达两个世纪的漫长岁月和艰难险阻，楮币终于在孝宗 2 年（清顺治 7 年，即 1650 年）成为了名副其实的国家法定货币。

太宗元年（明惠帝建文 3 年，即 1401 年）10 月，司宪府大司宪柳观等人极力主张废除司赡署并将布币定为法定货币。太宗驳回了柳等人的提议⑦，继续执行楮币法。为了扩大使用范围，楮币可用于支付俸禄⑧和交换国库米谷⑨，甚至是换购丰储仓的米豆和司宰监的鱼肉⑩。然而，由于当时的百姓缺乏对货币的了解，楮币无法达到预期的使用

---

① 译者注：1392—1398 年。
② 《文献备考》（卷一百六十·财用考·金银铜条·银瓶条）。
③ 《太祖实录》（卷六·太祖 3 年 7 月·己卯）。
④ 柳子厚，《朝鲜货币考》，p. 105. 1940 年。
⑤ 《太宗实录》（卷一·太宗元年 4 月·甲子）。
⑥ 《太宗实录》（卷一·太宗元年 4 月·丁丑）。
⑦ 《太宗实录》（卷二·太宗元年 10 月·丙子）。
⑧ 《太宗实录》（卷三·太宗二年正月·庚寅）。
⑨ 《太宗实录》（卷三·太宗二年正月·庚寅）。
⑩ 《太宗实录》（卷三·太宗 2 年 3 月·庚寅）。

效果。

太宗 2 年（明惠帝建文 4 年，即 1402 年）9 月，国家放宽了楮币的使用政策，允许百姓在日常的交易中同时使用五升布①。司宪府和司谏院再次提出废除楮币②，朝会上停止流通楮币的呼声也越来越高。最终，太宗 3 年（明成祖永乐元年，即 1403 年）9 月，太宗下令废除司赡署并停止流通楮币③。

然而，时代的发展和产业的兴隆使得越来越多的百姓意识到货币作为流通手段的重要性和便利性。太宗 10 年（明成祖永乐 8 年，即 1410 年）5 月，政府探讨楮币的复用④；同年 6 月，一批标有永乐年号的楮币⑤发行上市；同年 7 月，楮币复用法出台，楮币作为法定流通货币，可以和麤布共同使用⑥；同年 10 月，麤布停止流通，楮币成为国家唯一的法定货币⑦。

上述史料记载充分体现出政府推行楮币的决心。

由于缺乏实物，这一时期楮币的样式不得而知。书中提到楮币的纸张分为货注纸和常注纸两种，前者长一尺六寸，宽一尺四寸；后者长一尺一寸，宽一尺以上。

首尔大学至今保存着一枚出处不明的刻有"朝鲜楮币之印"的铜印章，笔者推测此印章为李氏朝鲜时代楮币的印章。

关于楮币的面额，书中并无详细说明。

尽管政府推行一系列强制措施促进新楮币的流通，但收效甚微，市场上甚至还出现了楮币无法换购米谷的尴尬局面⑧。

---

① 《太宗实录》（卷四·太宗 2 年 9 月·甲辰）。

② 《太宗实录》（卷四·太宗 2 年 9 月·甲辰）。

③ 《太宗实录》（卷六·太宗 3 年 9 月己酉）。

④ 《太宗实录》（卷十九·太宗 10 年 5 月·辛巳）。

⑤ 《太宗实录》（卷十九·太宗 10 年 6 月·癸卯）。

⑥ 《太宗实录》（卷十九·太宗 10 年 6 月·甲子）；《太宗实录》（卷二十·太宗 10 年 7 月·丙寅）。

⑦ 《太宗实录》（卷二十·太宗 10 年 9 月·戊寅）。

⑧ 《太宗实录》（卷二十三·太宗 12 年 6 月·戊午）。

三、朝鲜通宝发行计划

由于楮币是纸质货币，不具有重量价值，因此政府计划发行具有实质价值的铸造货币。太宗 15 年（明成祖永乐 13 年，即 1415 年）5 月，知申书柳思讷等人提议铸造铜钱①；6 月，艺文学提学卞季良、晋山府院尹河仑等人拟定了钱币发行计划②；6 月 16 日，户曹出台钱币法并开始生产朝鲜通宝③。6 月 17 日，政府宣布了新铸铜钱与楮币同时使用的公告④。然而，短短四日之后，政府又叫停了铜钱的生产⑤。

部分学者根据史料记载，认为朝鲜通宝的铸造时间始于太宗 15 年（明成祖永乐 13 年，即 1415 年）⑥。虽然铸钱发行一事众说纷纭，但可以肯定的是国家自古产铜不足，大量铸币实属不易。短短 5 日之内，即便克服技术困难，也只能生产出极少的钱币。因此，笔者认为这一阶段的李氏朝鲜尚未开始正式铸造钱币。

第二节　世宗朝至光海君期间

一、世宗时代楮币的流通情况

世宗 2 年（明成祖永乐 18 年，即 1420 年），户曹制定楮币兴用法⑦，国家延续太宗时期的币制，继续使用楮币。

然而，世宗 4 年（明成祖永乐 20 年，即 1422 年），史书中出现了"百姓不信楮币，用布购入马匹"和"官民虽疑心楮币，但碍于太宗时代币制故无法改革"⑧等记录。显然，在当时社会，楮币并没有得到认同和推广，国家只能强行将其运用到税收、纳贡等方面。

---

① 《太宗实录》（卷二十九·太宗 15 年 5 月·壬戌）。
② 《太宗实录》（卷二十九·太宗 15 年 5 月·丙子）。
③ 《太宗实录》（卷二十九·太宗 15 年 6 月·辛巳）。
④ 《太宗实录》（卷二十九·太宗 15 年 6 月·壬午）。
⑤ 《太宗实录》（卷二十九·太宗 15 年 6 月·丙戌）。
⑥ 柳子厚，《朝鲜货币考》，P. 116，1940 年。
⑦ 《世宗实录》（卷八·世宗 2 年 4 月）。
⑧ 《世宗实录》（卷十八·世宗 4 年 12 月·丁亥）。

二、朝鲜通宝的发行

世宗 5 年（明成祖永乐 21 年，即 1423 年）正月，政府似乎意识到强制流通楮币可能带来的危害，将楮币法适当放宽，民间的往来交易多遵循便利的原则。同年 9 月，楮币价格暴跌，流通实绩不佳，政府最终决定改铸铜钱。

新钱命名为"朝鲜通宝"，该名乃源于中国唐朝年间的开元通宝。司赡署掌管新币的发行[1]事宜。

始铸：世宗 5 年（1423 年）

大小：24mm 左右

反面：无字

其他：后期铸造品中出现铁铸钱

图 7　朝鲜通宝（真书体）

———————————

[1] 《世宗实录》（卷二十一·世宗 5 年 9 月·甲午）。

铭文真书体的朝鲜通宝作为李氏朝鲜最初的铸造货币，做工细致，样式精美，丝毫不逊于中国明朝钱币。为了解决铜材不足的问题，全国各地开始回收并加工废弃寺庙中的铜佛、铜钟和铜器①。

户曹和司赡署的报告显示，这一时期国内的铸钱冶炉共有 30 个，平均每日所需铜材 135 斤，每月所需铜材 4050 斤。然而，此时国内库存量仅有 4010 斤，尚不足一月所需。因此，除了不产铜的咸吉道以外，其余各道都需按时上纳铜材②。户曹、工曹、奉常寺、济用监、军器监等官营所保有的铜地金和铜器也需统一移交铸钱所管理③。散落在民间的铜材全部回收，京外犯法者的罚款和营业税金也需用铜材支付。另外，散落在市集中的古代残存钱币也一并回收并集中到铸钱所回炉加工④。这些举动都反映出当时国内铜材不足的问题。

起初，铸钱所设置在京畿道杨根郡（现杨平郡），之后，又在合镇浦（现蔚山）兼设分所。全罗道内厢（现地名不详）设置的铸钱分所中，还专设了别监一职进行监管⑤。

世宗 6 年（明成祖永乐 22 年，即 1424 年），全罗道龙潭（现全北镇安郡）、铜里（现地名不详）、庆尚道金海沙邑桥、昌原北背洞⑥等产铜地区也开始试铸钱币⑦。

世宗 6 年 10 月，朝廷制定铜钱作贯法，规定一斤铜材可兑换 150 文铜钱⑧。

世宗 7 年（明仁宗洪熙元年，即 1425 年）2 月，作贯法变更为一

① 《世宗实录》（卷二十二·世宗 5 年 10 月·丁巳）；《世宗实录》（卷二十三·世宗 6 年 3 月·壬辰）。
② 《世宗实录》（卷二十三·世宗 6 年正月·乙未）。
③ 《世宗实录》（卷二十三·世宗 6 年 3 月·丙申）。
④ 《世宗实录》（卷二十三·世宗 6 年 8 月·丁未）。
⑤ 《世宗实录》（卷二十三·世宗 6 年 2 月癸丑·壬申）。
⑥ 译者注：今庆尚南道。
⑦ 《世宗实录》（卷二十六·世宗 6 年 11 月·丁亥）。
⑧ 《世宗实录》（卷二十六·世宗 6 年 10 月·丁未）。

斤铜材兑换 130 文铜钱①，新铸的 12537 贯朝鲜通宝②分配到全国各地进行流通③。

起初，朝鲜通宝可与楮币一并使用。然而，时至世宗 7 年 4 月，楮币停止流通。朝廷虽然规定一张楮币兑换一文朝鲜通宝铜钱④、一文朝鲜通宝铜钱换购一升米谷，但在实际交易中，一升米谷需要三文朝鲜通宝铜钱方能进行换购⑤。

由于强行定价可能引发诸多危害，因此，朝廷决定根据市场实际情况适当调整朝鲜通宝钱价⑥。

世宗 7 年（明仁宗洪熙元年，即 1425 年）9 月，各地朝鲜通宝制造数额如下：杨根郡未知；庆尚左道 5326 贯 578 文；庆尚右道 5040 贯56 文。由于制造总额无法满足实际需求⑦，朝廷开始购入倭铜⑧并允许民间私铸，官吏百姓均不得新铸铜器⑨。

三、朝鲜通宝铁钱

面对铜材不足的问题，朝廷已然再无应对之策。世宗 9 年（明宣宗宣德 2 年，即 1427 年）6 月，铸钱所开始试铸铁钱，但未能上市⑩。

四、楮币复用

朝鲜通宝的铸造发行被看做是当时的一大政绩，因此尽管困难重重，朝廷依然努力维持着钱币的生产工作。普通百姓对于朝鲜通宝大多采取敬而远之的态度，钱价日益下跌。朝廷虽然出台了一系列奖励流通

---

① 《世宗实录》（卷二十七·世宗 7 年 2 月·戊申）。

② 《世宗实录》（卷二十七·世宗 7 年正月·戊子）。

③ 《世宗实录》（卷二十七·世宗 7 年 2 月·戊午）。

④ 《世宗实录》（卷二十八·世宗 7 年 4 月·癸丑）。

⑤ 《世宗实录》（卷二十八·世宗 7 年 5 月丁丑·戊寅）。

⑥ 《世宗实录》（卷二十八·世宗 7 年 6 月·甲寅）。

⑦ 《世宗实录》（卷二十九·世宗 7 年 9 月·乙亥）。

⑧ 《世宗实录》（卷三十一·世宗 8 年 3 月·甲寅）。

⑨ 《世宗实录》（卷三十四·世宗 8 年 12 月·乙丑）。

⑩ 《世宗实录》（卷三十六·世宗 9 年 6 月·乙酉）；Alan, D. Creig., *The Coins of Korea*, 1955 年。

措施，但收效甚微。世宗 27 年（明英宗正统 10 年，即 1445 年）10 月，户曹提议复用楮币①，在经过多番讨论之后，朝廷最终于同年 12 月 1 日宣布了楮币的复用②。

由于缺乏史料记录，笔者无法了解楮币复用的详细经过。但可以肯定的是，复用后的楮币作为本位货币，在文宗继位年（明景泰元年，即 1450 年）10 月用于朝廷各司的经费开支③。成宗 20 年（明孝宗弘治 2 年，即 1489 年）3 月，司赡署储存的楮币年久破损，朝廷印制了新一批楮币并投入市场④。明宗 6 年（明世宗嘉靖 30 年，即 1551 年）10 月，楮币的强制流通影响到米布的交换机能⑤。

五、箭币"八方通货"

李朝第七代王世祖 10 年（明英宗天顺 8 年，即 1464 年）11 月，国家开始储备武器以备不时之需，十万枚箭币（战时可作为箭头使用）由此而生。

箭币形似柳叶箭，镞长一寸八分，茎长一寸七分，底端两面均刻有"八方通货"四字，一枚箭币可以兑换三张楮币⑥。或许由于箭币数量有限，史书中并无流通使用记录。遗憾的是，迄今为止我国尚未发现实物，故无法进行详述。

六、用银

宣祖 25 年（明万历 20 年，即 1592 年），国内出现了壬辰倭乱⑦中明朝援军输送的"中国银子"⑧。作为战后修建资费，银两最初用于军

---

① 《世宗实录》（卷一百十·世宗 27 年 10 月·壬子）。

② 《世宗实录》（卷一百十·世宗 27 年 12 月·癸卯）。

③ 《世祖实录》（卷三十四·世祖 10 年 11 月·壬戌）；《国朝宝鉴》（卷十二·世祖朝三·甲申 11 月）；Alan, D. Creig., *The Coins of Korea*, 1955 年。

④ 《成宗实录》（卷二十二·成宗 3 年 9 月·乙亥）；《成宗实录》（卷二百二十六·成宗 20 年 3 月·乙亥）。

⑤ 《明宗实录》（卷十二·明宗 6 年 10 月·癸丑）。

⑥ 《文宗实录》（卷四·文宗继位年 10 月·丙子）。

⑦ 译者注：又称万历朝鲜战争，指明朝万历年间抗击日本侵略朝鲜的战争。

⑧ 《万岁要览》（财用编四·金银铜铅条）。

粮、军赏的支付，后流通范围逐渐扩大。

第三节　仁祖至孝宗朝期间

一、铸钱的发行与保留

进入仁祖3年（明熹宗天启5年，即1625年），铸钱一事被再次提出，此时距离使用朝鲜通宝的世宗朝已有百八十年的时间。户曹建议在仁庆宫设置铸钱厅[①]，特近官金蓍国等人也极力赞成铜钱的铸造和复用。在一片支持声中，仁祖于4年（明熹宗天启6年，即1626年）6月下令铸造钱币[②]。然而，由于原料和人工不足、生产技术落后，新铸铜钱数量仅为60贯。

此后，国家排除重重困难，坚持生产铜钱。仁祖5年（明熹宗天启7年，即1627年），一文铜钱以交换一升米谷的价格在京内逐渐流通。不幸的是，丁卯胡乱[③]的爆发打断了国家的铸币计划[④]。

史书中虽无新钱的详细记录，但笔者推测这一时期的铜钱在形状、大小、钱文等方面均沿袭了世宗时期的朝鲜通宝。

仁祖6年（明庄烈帝崇祯元年，即1628年）7月，南以恭等重臣再次提出铸钱计划[⑤]。迫于国内形势动荡不安，铸钱一事始终无法落实。

二、八分书朝鲜通宝的发行

仁祖11年（明庄烈帝崇祯6年，即1633年）10月，户曹建议用丁卯胡乱时国库中未开封的铜钱和每月倭寇上贡的万斤倭铜铸造钱币。

---

① 《仁祖实录》（卷十·仁祖3年11月·壬戌）。

② 《仁祖实录》（卷十三·仁祖4年闰6月·戊午）。

③ 译者注：1627年1月至4月，明朝与后金在朝鲜境内进行的一场战役。

④ 《仁祖实录》（卷十三·仁祖4年闰6月·戊午）；《仁祖实录》（卷二十八·仁祖11年10月·甲戌）；《承政院日记·崇祯6年10月15日》。

⑤ 《仁祖实录》（卷十九·仁祖6年7月）。

该建议得到了仁祖的准许，铸币工作由此展开①。这一时期所铸铜钱样式仿照中国万历通宝钱②，钱文亦使用世宗朝代的"朝鲜通宝"。为了和朝鲜通宝有所区分，钱币书体更换为八分书，一文八分书朝鲜通宝可以兑换半升米谷③。八分书朝鲜通宝流通期间，国家严禁残存古钱和中国渡来钱的使用④。在以开城为经济中心进行贸易活动的商人，也均将残留钱币兑换成为八分书朝鲜通宝⑤。

始铸：仁祖 11 年（1633 年）

大小：23－26mm

反面：无字

其他：仁祖 12 年（1634 年）12 月 10 日发行

圆孔　　　　　　　　　　　　　　　　异书体

图 8　朝鲜通宝八分书体

铸钱所最初设置在安东、全州、公州等地，随后，海洲、水原也投入到新钱的铸造工作中⑥。

新钱的发行日定为仁祖 12 年（明庄烈帝崇祯 7 年，即 1634 年）

---

① 《仁祖实录》（卷二十八·仁祖 11 年 10 月·甲戌）；《承政院日记·崇祯 6 年 10 月 15 日》。

② **译者注：**明朝神宗万历元年（1573 年）铸造钱币。

③ 《仁祖实录》（卷二十八·仁祖 11 年 11 月·壬辰）。

④ 《仁祖实录》（卷二十八·仁祖 11 年 11 月·壬辰）。

⑤ 《仁祖实录》（卷二十九·仁祖 12 年 2 月·丁丑）。

⑥ 《仁祖实录》（卷三十一·仁祖 13 年正月·丁卯）。

12月1日。为了普及新钱，国家开设了酒馆和食店①，鼓励百姓用钱。另一方面，国库将米谷、布木等商品投放到市场刺激消费。然而，受传统交换方式的影响，百姓对于新钱并不热衷，他们一如既往地使用米、布进行交易。新铸的八分书朝鲜通宝徒有其名，流通实绩并不理想。

八分书朝鲜通宝大小不同，样式各异，钱文书写亦不统一，现存的八分书朝鲜通宝就有十余种不同的样式。由于官署出处不明，考古学家只能根据钱币的出土地加以推测。现存钱币中，还包含了朝鲜通宝八分书当十大型钱②。

铸造：不详

大小：46mm 左右

其他：无记录，但发现实物

图9　朝鲜通宝八分书当十钱

仁祖22年（明庄烈帝崇祯17年，即1644年），金瑜提议将八分书

---

① 《仁祖实录》（卷三十·仁祖12年11月·癸丑）。

② Alan, D. Creig., *The Coins of Korea*, 1955 年。

朝鲜通宝投入与中国交往频繁的平安道①地区试用，但效果并不理想②。

三、中国钱的使用

孝宗元年（明永明王永历 4 年，即 1650 年），时任领中枢府使的金瑬再次提议用钱。金认为，从中国引进钱币既可以满足市场需求，又能够节省铸币经费，引进的中国钱可先投放于平壤、安州③地区试用。该提议得到了孝宗的采纳，他派遣陈慰使走访北京，将十五万文中国钱币带回国内并投入试点使用④，此举成为李氏朝鲜正式使用中国钱币的开端。

中国钱币在平安道地区流通顺畅，但由于数量有限，孝宗于 2 年（明永明王永历 5 年，即 1651 年）又采纳了户曹判书元斗杓的提议，向辽东地区的中国商人追加购买了一百三十余万文中国钱币⑤。

由于半岛西路地区⑥自古以来和中国交往频繁，也有过使用钱币的经历，因此，当地居民较快地接受了中国钱币。钱币在当地流通顺畅，三文钱币可以购买一升米谷。

随着钱币试用的成功，京中⑦地区也开始推广中国钱币。孝宗 2 年（明永明王永历 5 年，即 1651 年）4 月，训局计划用制造武器的年贡倭铜铸造钱币。然而，这个计划却被大量涌入国内的中国钱币打乱了⑧。

过去的钱价多以米谷作为基准，涨跌幅度难以控制。为了稳定钱价，政府修改了行钱法，并仿照中国制度将银作为基准进行定价。一两

---

① 译者注：旧称"关西"，今朝鲜平壤、平安南道、平安北道、慈江道地区。

② 《仁祖实录》（卷四十五·仁祖 22 年 9 月·丙戌）；《仁祖实录》（卷四十五·仁祖 22 年 10 月·己巳）。

③ 译者注：今朝鲜平安南道西北部城市。

④ 《孝宗实录》（卷四·孝宗元年 6 日·丁未）。

⑤ 《孝宗实录》（卷六·孝宗 2 年 3 月·庚寅）；《承政院日记·顺治 8 年 3 月 13 日》。

⑥ 译者注：或为前文提到的关西平安道一带。

⑦ 译者注：又称"汉城"，李氏王朝都城，今韩国首尔。

⑧ 《孝宗实录》（卷六·孝宗 2 年 4 月·甲戌）。

银等价六百文钱币，一升米等价四文钱币①。

孝宗 5 年（明永明王永历 8 年，即 1654 年），即中国钱币流入国内的第五年，京中公布用钱令，京畿地区也开始流通中国钱币。中国钱币的引进虽然节省了铸币经费，但过度泛滥的钱币导致物价上涨，经济局面混乱。抵制中国钱币的呼声日益强烈，朝中赞成与反对派之间的争论持续升温。随着赞成派首脑金堉的病逝和反对派大司宪蔡祐后、校理沈世鼎等人的力阻，孝宗 7 年（明永明王永历 10 年，即 1656 年）9 月，国家终止了中国钱币的流通②。

笔者认为，这一时期流通的中国钱币是国内出土数量较多的顺治通宝钱③。

另外，前文提到的训局停止制造武器改铸钱币一说④，以及常平通宝训字钱铸于孝宗 2 年的记录均为民间流传，不足为信。

第四节　肃宗朝⑤

一、常平通宝的发行

肃宗 4 年（清圣祖康熙 17 年，即 1678 年）正月，距壬辰倭乱⑥的浩劫已过百年，许积、权大运等大臣多次上奏阐明用钱之益处，提议发行钱币。与孝宗时期有所不同，肃宗对于铸币采取了积极的态度，他命令户曹、常平厅、赈恤厅、御营厅、司仆厅和训练都监等官营开展新币的生产工作，不久后，新铸钱币便以四百文等价一两银的价格正式上市⑦。

---

① 《孝宗实录》（卷十五·孝宗 6 年 12 月·癸亥）。

② 《孝宗实录》（卷十七·孝宗 7 年 19 月·丁丑）。

③ 译者注：清朝钱币，铸于清世祖顺治年间。

④ 柳子厚，《朝鲜货币考》，p. 191。

⑤ 译者注：朝鲜肃宗李焞，1674—1720 年在位。

⑥ 译者注：又称万历朝鲜之役，是日本与明朝、朝鲜之间爆发的战争。

⑦ 《肃宗实录》（卷七·肃宗 4 年正月）；《己未备边司赡录·肃宗·戊午年·正月 23 日》；《承政院日记·康熙·17 年正月 23 日》。

新铸钱币不仅是李氏朝鲜最早出现的规范铸币，也是之后200年持续在国内流通的常平通宝（俗称叶钱）的前身。

和其他钱币一样，常平通宝在发行初期同样面临着无人问津的尴尬局面。但随着流通范围的扩大，常平通宝逐渐为人所知，在经历了漫长的岁月洗礼后根深蒂固，最终成为了国家名副其实的通用货币。

铸造：常平厅

始铸：肃宗4年（1678年）正月

大小：21mm×22mm

反面：无字

其他：最初的常平通宝钱，同年4月1日启用

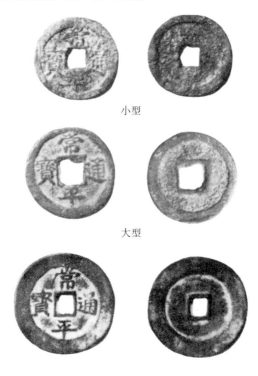

小型

大型

伪造品？

图10 常平通宝（无背字钱）

二、初铸单字钱

初铸常平通宝重一钱二分①，背面或无字，或在上方刻有出处（或者发行）官营的一字略号。一部分钱币的背面上下用二字略号标记，还有一些钱币在背面下方和左右两方刻有半月形、小圆形（日、星符号）符号，极富特点。

图11 数字和月亮符号组合的常平通宝钱

肃宗4年（清圣祖康熙17年，即1678年）3月，开城留守吴始复获得了开城管理营铸造钱币的许可②。

国内现存的初铸钱币中，有户曹制造的"户"字钱，常平厅制造的无背字钱，御营厅制造的"营"字钱，司仆厅制造的"同"字钱，训练都监制造的"训"字钱等。迄今为止，尚未发现赈恤厅制造的"赈"字钱。开城管理营于肃宗4年3月制造的钱币以"开"字标记。

各官营虽然积极铸造常平通宝钱，但由于铜材不足、铸币技术落后等原因导致钱币产量始终不高。

---

① 译者注：约4.5g。

② 《肃宗实录》（卷七·肃宗4年3月·丁丑）。

政府将肃宗 4 年（清圣祖康熙 17 年，即 1678 年）4 月 1 日定为常平通宝发行日[1]，各官营于同日改用常平通宝征收税费。6 月，关西[2]地区和湖南[3]一带的监营、兵营也开始铸造钱币[4]。

即平安监营铸造"平"字钱，平安兵营铸造"平兵"字钱，黄海监营铸造"黄"字钱和"海"字钱，全罗监营铸造"全"字钱，全罗兵营铸造"全兵"字钱。

史书中虽然只提到了上述十个官营，但当时有很多官营也加入到钱币的铸造工作中。目前发现的常平通宝钱多达十三种（情况如下），期待不久之后能够有更多的发现。

咸字钱（推测为咸镜监营铸造）　　武字钱（推测为武备司铸造）

尚字钱（推测为庆尚监营铸造）　　工字钱（推测为工曹铸造）

兵字钱（推测为兵曹铸造）　　　　原字钱（推测为江原监营铸造）

备字钱（推测为备边司铸造）　　　昌字钱（推测为昌德宫铸造）

统字钱（推测为统卫营铸造）　　　向字钱（推测为粮饷厅铸造）

抄字钱（推测为精抄厅铸造）　　　守字钱（推测为守御厅铸造）

忠字钱（推测为忠清监营铸造）

三、折二大型钱的发行

肃宗 5 年（清圣祖康熙 18 年，即 1679 年）9 月，政府发行了比常平通宝规格更大的折二钱[5]。

折二大钱重二钱五分，一百文折二大钱等价一两银（四百文常平通宝等价一两银）。但在实际交换中，折二大钱与银的交换价格要高于公认交换率两倍之多。

---

① 《肃宗实录》（卷七·肃宗 4 年闰 3 月·丙辰）；《备边司謄录·肃宗·戊午年闰3 月 16 日》；《承政院日记·康熙 17 年闰 3 月 16 日》。

② 译者注：即平安道。

③ 译者注：全罗南道和全罗北道的总称。

④ 《肃宗实录》（卷七·肃宗 4 年 6 月·壬申）；《备边司謄录·肃宗·戊午年 6 月4 日》；《承政院日记·康熙 17 年 6 月 3 日》。

⑤ 《肃宗实录》（卷八·肃宗 5 年 9 月·丁未）；《备边司謄录·肃宗·己未年 9月 15 日》；《承政院日记·康熙 18 年 9 月 15 日》。

为了和之前的平钱有所区别，折二大钱背面下方用"二"字标识。各官营独立制造发行钱币，新铸折二大钱可与初铸背单字钱共同使用。

始铸：肃宗5年（1679年）

铸造：户曹

大小：30 – 32mm

反面：上方"户"字，下方"二"字

其他：与英祖7年所铸钱币为同一类型

图12　常平通宝折二钱（背户字）

随着大型折二钱流通量的增加，初铸背单字钱逐渐退出市场，折二大型钱成为这一时期铜钱的代表。

初铸单字钱数量有限，收藏价值极高。

始铸：肃宗4年（1678年）

铸造：户曹

反面：上方"户"字

其他：同年4月1日发行

图13　常平通宝古铸单字钱（背户字）

四、发行情况

此时的各大官营都在积极地铸造常平通宝折二钱，一时之间，钱币流通量膨胀。加之距离京城偏远地区的钱币流通实绩不佳，使得大量钱币聚集城内。肃宗 6 年（清圣祖康熙 19 年，即 1680 年）2 月，钱币价格暴跌，八百余文折二钱等价一两银。政府一方面将御营厅保有的数百匹木棉[1]投入市场，企图通过回收钱币和缩减流通量的方式稳定钱价；另一方面，全面禁止户曹以外的官营生产钱币[2]。

然而，由于户曹的生产力有限，很难完成铸币要求，为了满足需要，肃宗 7 年（清圣祖康熙 20 年，即 1681 年）正月，御营厅开始辅助户曹进行铸币。尽管如此，钱币产量依然不足。无奈之下，国家恢复了各官营的铸币权[3]。

全罗监营、平安监营于肃宗 8 年（清圣祖康熙 21 年，即 1682 年）[4] 和 12 年（清圣祖康熙 25 年，即 1686 年)[5] 恢复铸币权；肃宗 14 年（清圣祖康熙 27 年，即 1688 年），平安监营以一年为期再次生产钱币[6]。

前文提到，地方官营的铸币权于肃宗 6 年收回，肃宗 8 年恢复。政府虽然有意对铸币数量进行监管，却始终力不从心。各大官营无视规定恣意铸币，导致钱币再次泛滥，弊害百出。

为了整顿币制，稳定市场，特进官李元翼于肃宗 13 年（清圣祖康熙

---

① 译者注：棉的一种。

② 《肃宗实录》（卷九·肃宗 6 年 2 月·癸亥）；《承政院日记·康熙 19 年 2 月 3 日》。

③ 《肃宗实录》（卷十一·肃宗 7 年正月·丙辰）；《承政院日记》（康熙 20 年正月 2 日》。

④ 《肃宗实录》（卷十三下·肃宗 8 年 11 月·癸酉）；《肃宗实录·补阙正误》（卷十三下·肃宗 8 年 11 月·癸酉）。

⑤ 《肃宗实录》（卷十七·肃宗 12 年正月·戊寅）；《承政院日记·康熙 25 年正月 23 日》；《备边司贽录·肃宗·丙寅年正月 24 日》。

⑥ 《肃宗实录》（卷十九·肃宗 14 年 3 月·丙戌）；《承政院日记·康熙 27 年 3 月 13 日》。

26 年，即 1687 年）提出了用布取代钱币的布币论①。经过多番商讨，肃宗 15 年（清圣祖康熙 28 年，即 1689 年），政府颁布铸钱禁令出台②。

此时，越来越多的百姓意识到货币的职能并适应使用钱币。在商贸活跃的开城一带，反对铸钱禁令的呼声格外强烈。肃宗 17 年（清圣祖康熙 30 年，即 1691 年），铸钱禁令有所松动，开城留守官李凤微获得了开城管理营的铸币权③。

肃宗 18 年（清圣祖康熙 31 年，即 1692 年），总戒厅花费一万两白银向清朝北京购入铜材生产钱币④。

随着铸钱禁令的松动，各官营开始对铸币工作跃跃欲试。为了防止钱币再次泛滥，政府命令户曹统一管理铸钱工作。私铸钱币者按大明律⑤处以绞刑，从犯罪降一等⑥。

肃宗 20 年（清圣祖康熙 33 年，即 1694 年），政府批准了御营大将李世选的请求，准许御营厅在 6 个月内辅助户曹进行铸币⑦。

肃宗 21 年（清圣祖康熙 34 年，即 1695 年）9 月，岭东地区⑧以一年为期制造铜钱⑨，新铸钱币依照铸钱专管令统一移交户曹管理⑩。同

---

① 《肃宗实录》（卷十八·肃宗 13 年 11 日·己亥）；《承政院日记·康熙 26 年 11 月 24 日》。
② 《肃宗实录》（卷二十·肃宗 15 年 3 月·庚午）；《承政院日记·康熙 28 年 3 月 3 日》。
③ 《肃宗实录》（卷二十二·肃宗 17 年 10 月·甲辰）；《备边司赡录·肃宗·辛未年 10 月 24 日》。
④ 《肃宗实录》（卷二十四·肃宗 18 年 8 月·庚子）；《肃宗实录》（卷二十四·肃宗 18 年 10 月·己亥）；《承政院日记·康熙 31 年 8 月 23 日》；《承政院日记·康熙 31 年 10 月 24 日》；《备边司赡录·肃宗壬申年 10 月 24 日》。
⑤ 译者注：中国明朝法令条例。
⑥ 《肃宗实录》（卷二十五·肃宗 19 年 7 月·乙巳）；《承政院日记·康熙 32 年 7 月 3 日》；《备边司赡录·肃宗癸酉年 7 月 4 日》。
⑦ 《肃宗实录》（卷二十七·肃宗 20 年 8 月·戊寅）；《承政院日记·康熙 33 年 9 月 13 日》。
⑧ 译者注：今江原道太白山脉（长白山脉）东部地区。
⑨ 译者注：数量为 40 万~50 万两。
⑩ 《肃宗实录》（卷二十七·肃宗 21 年 9 月·乙丑）；《备边司赡录·肃宗乙亥年 9 月 30 日》。

年12月，市场上的钱币出现了供不应求的局面，御营厅以10个月为期限再次生产钱币①。

此后20年间，官方再无铸钱记录，只有一些散落在民间的功勋世家不定期地进行小规模的私铸。

由于铸钱工作长期陷入中断状态，肃宗末年，民间货币的流通量大大缩减。货币价值昂贵，恢复铸钱的呼声愈来愈高。

肃宗42年（清圣祖康熙55年，即1716年）10月，右议政李颐命将从地方回收的大量旧代残钱币熔解后制成器物。由于国内采铜技术落后，李命令有财力的衙门从国外购入铜材并铸造钱币。很多农民为了获得铜钱，不惜用低廉的价格贩卖米谷，造成了铜钱的分配不均。同时，将市面上残钱回收制成器物的做法也导致了钱币流通量的减少。市面铜价昂贵，米谷低贱，甚至有观点认为铜钱是这一时期盗贼猖獗的主要原因。

为了安定市场，救荒赈灾，国家计划增发货币。然而，面对铜材不足和财政困难等原因，发行计划始终无法落实。

肃宗43年（清圣祖康熙56年，即1717年）11月，平安监营开始制造货币②，然而仅在一个月之后，平安监营金柱便上奏表明使用钱币的不便之处③。肃宗44年（清圣祖康熙57年，即1718年），平安兵使赵尔重表示由于铜材不足，经费调度困难，铸币工作恐难继续④。随后，各官营相继停止了钱币的生产工作。

肃宗45年（清圣祖康熙58年，即1719年），济州岛官营虽获得铸

---

① 《肃宗实录》（卷二十九·肃宗21年12月·戊戌）。

② 《肃宗实录》（卷六十·肃宗43年11月·庚申）；《承政院日记·康熙56年11月10日》。

③ 《肃宗实录》（卷六十·肃宗43年12月·丙午）；《承政院日记·康熙56年12月26日》。

④ 《肃宗实录》（卷六十二·肃宗44年7月·甲子）；《备边司赠录·肃宗戊戌年7月18日》；《承政院日记·康熙57年7月17日》。

币权，但生产工作迟迟无法展开①。

五、银的使用

除了铜钱之外，这一时期市场上还出现了日本进贡的日本丁银。日本丁银是日本银元的一种，大小重量不一，按照成分可分为八星银（含银量 80%，含铅量 40%）、六星银（含银量 60%，含铅量 40%）等。日本丁银深受特权阶层喜爱，在与日本交易频繁的港口一带，庶民也可以使用②。

图 14 丁银

六、折二钱的铸造官衙

国内现存折二钱中，背面上方用"二"字标注的钱币共有七种，即御营厅的"营"字钱，全罗监厅的"全"字钱，平安监营的"平"

---

①《肃宗实录》（卷六十四·肃宗 45 年 10 月·丙辰）；《承政院日记·康熙 58 年 10 月 17 日》。

②《肃宗实录》（卷三十二上·肃宗 24 年 3 月·癸未）；《肃宗实录》（卷三十二上·肃宗 24 年 6 月·戊申）；《肃宗实录》（卷三十二下·肃宗 24 年 9 月·辛丑）；《肃宗实录》（卷三十八上·肃宗 29 年正月·壬子）；《肃宗实录》（卷五十下·肃宗 37 年 12 月·壬申）；《承政院日记·康熙 37 年 6 月 5 日、7 日》；《承政院日记·康熙 42 年正月 1 日、3 日、7 日》；《备边司誊录·肃宗癸酉年正月 7 日》。

字钱，开城监理营的"开"字钱，总戒厅的"总"字钱，户曹的"户"字钱，平安兵营的"平兵"字钱。其他官营制造的钱币中，有赈恤厅的"赈"字钱，兵曹的"兵"字钱，工曹的"工"字钱，京畿监营"圻"字钱，精抄厅的"抄"字钱，训练都监的"训"字钱，武备司的"备"字钱，咸镜监营的"咸"字钱，忠清监营的"忠"字钱，庆尚监营的"尚"字钱，水原管理营的"水"字钱，庆州管理营的"囧"字钱，江华管理营的江字钱，江原监营的原字钱，黄海监营的黄字钱和海字钱，以及平安水营的"平水"字钱，庆尚左营的"尚左"字钱，庆尚右营的"尚右"字钱，庆尚水营的"尚水"字钱，京畿水营的"京水"字钱等共计二十六种。

折二钱的种类虽多，但并没有形成统一的交换机制，钱币的使用根据地方政策有所差别，无法履行法币职能。肃宗朝末年，政府终止了折二钱的铸造和流通。

第五节　景宗至英祖朝期间

一、铜钱流通的停滞

景宗初期，铸钱工作没有取得任何进展，市场上钱价昂贵，钱币流通几乎处于停滞状态。景宗 4 年（清世宗雍正 2 年，即 1724 年）正月，面对经费匮乏和国库空虚的破败局面，户曹判书金演没有任何应对之策，铸钱一事悬而未决。尽管户曹尝试小范围铸造铜钱[①]，但右议政李光佐等人认为铸钱只会增加财政负担，故极力反对。景宗 5 年（清世宗雍正 3 年，即 1725 年）2 月，铸钱工作再次停止，市面上流通的钱币仅为前朝的旧钱币。

---

① 《景宗实录》（卷十二·景宗 3 年 5 月·庚辰）；《景宗修正实录》（卷十四·景宗 4 年正月·丙戌）；《景宗修正实录·卷五·景宗 4 年正月·丙戌》；《备边司誊录·景宗卯年 5 月 3 日》；《备边司誊录·景宗甲辰年正月 11 日》；《承政院日记·雍正元年 5 月 2 日》；《承政院日记·雍正 2 年正月 11 日》；《景宗实录》（卷十四·景宗 4 年 2 月·癸丑）；《承政院日记·雍正 2 年 2 月 9 日》；《备边司誊录·景宗甲辰年 2 月 9 日》。

英祖元年（清世宗雍正 3 年，即 1725 年）10 月，地方饥荒不断，赈恤厅为了赈资灾民，计划生产铜钱。然而，该计划被英祖认为弊大于利，而原本计划用于铸钱的铜材也转而进行武器的生产①。英祖 3 年（清世宗雍正 5 年，即 1727 年），左议政洪致中提出了取消用钱币结算国家对外开支的建议。洪认为，收入方面可用布木②取代，铜钱则仅限于民间的小额交易使用。然而，更多的大臣倾向于全面禁止铜钱使用。英祖采纳了洪致中的提议，用布木进行国家收支结算，但允许百姓用钱。同年 9 月，英祖恢复了铜钱的收支结算职能。

英祖 5 年（清世宗雍正 7 年，即 1729 年）6 月，左议政李光佐的铸币计划被再次驳回③；英祖 6 年（清世宗雍正 8 年，即 1730 年）8 月，右议政赵文命、京畿暗行御使金尚星等人以市面旧钱币不足为由申请铸造铜钱，依旧无法获得批准④。

英祖 7 年（清世宗雍正 9 年，即 1731 年）6 月，在盛行米布交易的关西江边地区，政府命令百姓在限期之内将所持铜钱全部兑换为米布，之后全面禁止了钱币在当地的流通。

二、铜钱的制造

英祖 7 年（清世宗雍正 9 年，即 1731 年）9 月，国内灾情严重，财政匮乏，群臣强烈建议国家发行铜钱赈饥灾民，稳定民生。一向对铸钱采取保守态度的英祖有所动摇，准许铸钱赈灾⑤。同年 10 月，户曹和

---

① 《英祖实录》（卷八·英宗元年 10 月·癸未）；《备边司赠录·英宗乙巳年 10 月 20 日》；《承政院日记·雍正 3 年 10 月 19 日》。

② 译者注：麻与棉布。

③ 《英宗实录》（卷二十二·英宗 5 年 6 月·甲午）；《承政院日记·雍正 7 年 6 月 21 日》

④ 《英宗实录》（卷二十七·英宗 6 年 8 月·丙寅）；《英祖实录》（卷二十八·英宗 6 年 12 月·庚申）；《承政院日记·雍正 8 年 8 月 30 日》；《承政院日记·雍正 8 年 12 月 26 日》。

⑤ 《英宗实录》（卷二十九·英宗 7 年 6 月·乙未）；《承政院日记·雍正 9 年 6 月 5 日》；《备边司赠录·英宗辛亥年 6 月 7 日》。

赈恤厅分别设置铸钱所，铸钱工作正式展开。

起初，每贯新铸铜钱可以换购三斗米，但由于灾情严重，国家决定在次年秋收之前根据市场情况适当调整兑换率，换购上限为三斗五升米。违反者一律严惩，缺斤少两、耍滑弄奸者亦予以重罚①。

赈灾铜钱作为英祖时期出现的最早铸币，流通实绩并不理想。另外，受矿山开发限制、铸币技术落后等因素影响，这一时期的铜钱产量极为稀少。

由于时间仓促，事态紧急，新铸钱币在钱文上沿用了肃宗时期的"常平通宝折二字钱"字样。

三、当十大钱论议

英祖 11 年（清世宗雍正 13 年，即 1735 年）12 月，右议政宋寅明等人将铸钱工匠李日跻带入宫中试铸当十大钱，希望通过现行钱币 3 倍的材料制出 10 倍价格的钱币，以达到节约铜材的目的。然而，英祖认为现行钱币流通情况尚不乐观，故发行新钱币一事需慎重考虑之后再做决定②。

英祖 12 年（清高宗乾隆元年，即 1736 年）2 月，英祖在询问了李光佐等人的意见后，以时机尚未成熟为由驳回了当十大钱的铸造提案③。

这一时期市面上流通的铜钱多为肃宗朝时期的旧铜钱和英祖 7 年（清世宗雍正 9 年，即 1731 年）发行的小量新铸钱币。由于铜材稀缺，很多百姓将持有的铜钱熔解后制成铜器秘密收藏。

---

① 《英宗实录》（卷三十·英宗 7 年 9 月·庚辰）；《备边司赠录》英宗辛亥年 9 月 21 日、22 日、23 日》；《承政院日记·雍正 9 年 9 月 20 日》；《英宗实录》（卷三十·英宗 7 年 10 月辛卯、戊戌）；《承政院日记·雍正 9 年 10 月 1 日、8 日》；《备边司赠录·英宗辛亥年 10 月 1 日、5 日》。

② 《英宗实录》（卷四十·英宗 11 年 12 月·乙亥）；《承政院日记·雍正 13 年 12 月 10 日》。

③ 《英宗实录》（卷四十一·英宗 12 年 2 月·癸巳）；《承政院日记·乾隆元年 2 月 29 日》。

四、铜钱制造的再现

英祖 18 年（清高宗乾隆 7 年，即 1742 年）4 月，为了打破铜钱不足的僵局，特近官朴文秀提议购买清朝的铜钱。朴认为，让百姓使用沙器和回收民间铜器加铸钱币的做法可以暂时缓解钱荒问题。同年 6 月，朴文秀复印购入清朝铜钱的提案①。对于购买清朝的铜钱，领议政金在鲁等人认为使用清朝的钱币有经济隶属之嫌，故坚决反对。但也有大臣提出孝宗初期国内也使用过朝廷钱币，且并未出现不妥之处，故两方争论不断。宋寅明认为，加铸钱币是解决钱荒问题的根本途径，为了稳定钱价，朝廷应制定严格的政策防止私铸，百姓在三年之内可并用新旧两种钱币，之后应全面停止旧币的流通；尹阳来等人主张生产铁钱；金在鲁等人提出制造当十钱②。经过多番讨论，铸钱一事终被英祖提上日程。

6 月 19 日，朝廷向全国各道颁布铸钱令，地方主要官营和各道监营共同负责新币的铸造工作③，这一时期被当今学者认为是常平通宝的发展期。

此后的 15 年，国内制造发行的新型钱币与肃宗时期的常平通宝折二钱为同型钱币。为了防止私铸滥铸，钱文用千字文标记管理。除去钱币流通量较大的商业中心开城管理营之外，其余地方官营和铜钱流通量较小的江原道地区一律禁止铸钱。英祖特别指定京中六个官营和距离中央较远的地方监营铸造钱币，和肃宗时期仅有的折二字钱不同，英祖时期铸出的钱币共有以下十一种：

即中央官营御营厅的"营"字钱，训练都监的"训"字钱，户曹的"户"字钱，统御营的"统"字钱，总戒厅的"总"字钱，宣惠厅

---

① 《英宗实录》（卷五十五·英宗 18 年 4 月·壬子）；《备边司赠录·英宗壬戌年 4 月 23 日》。

② 《英宗实录》（卷五十五·英宗 18 年 6 月辛卯、癸卯、丙午）；《承政院日记·乾隆 7 年 6 月 4 日、16 日、19 日》；《备边司赠录·英宗壬戌年 6 月 20 日》。

③ 《英宗实录》（卷五十五·英宗 18 年 6 月·丙午）；《备边司赠录·英宗壬戌年 6 月 20 日》；《承政院日记·乾隆 7 年 6 月 19 日》。

的"宣"字钱，以及地方监营平安监营的"平"字钱，咸镜监营的"咸"字钱，庆尚监营的"尚"字钱，全罗监营的"全"字钱，开城管理营的"开"字钱。

始铸：英祖 18 年（1742 年）以后

大小：32 – 32mm

反面：上方为"户"字，下方为"天地玄黄"等千字文，各官营选取一字进行标记

图 15　常平通宝折二钱

五、银钱使用论议

铸钱令出台后短短几日，由于原材料不足，铸钱工作陷入困境。英祖 18 年（清高宗乾隆 7 年，即 1742 年）6 月 30 日，左议政宋寅明在

朝会上提出用银钱代替铜钱①。

　　然而，使用银钱势必会引发货币外流。一旦国内银钱保有量减少，向清朝进贡的银两数量将无法得到保证。另一方面，市面上的交换主要以米、钱、布为主，如果加入银钱，市场交易将变得更加复杂。因此，银钱使用一案最终被英祖否决。

　　此后，市面上长期流通着新铸的千字文钱币和前代的旧钱币，铜材不足的问题始终存在。同年9月，英祖采纳了左议政宋寅明的提议，允许户曹、赈恤厅、三军门（训练都监，御营厅，禁卫营）在遂安（今黄海道一带）共同开采铜矿并铸造钱币②（至今为止尚未发现赈恤厅和三军门禁卫营制造的铜钱）。

六、当十大钱的试铸

　　英祖26年（清高宗乾隆15年，即1750年）5月，国内出现饥荒，承旨李厚提出发行当十大钱的建议却被英祖驳回③。国内现存的常平通宝当十大钱币从制造手法、钱文书体和用料看来，应为当时并未面市的试铸币。

七、中型钱的出现

　　英祖28年（清高宗乾隆17年，即1752年）7月，由训练都监、御营厅、禁卫营组成的三军门共铸出新钱44.4万两④。

---

①　《英宗实录》（卷五十五·英宗18年6月·丁巳）；《承政院日记·乾隆7年7月1日、3日》。

②　《英宗实录》（卷五十六·英宗18年9月·庚午）；《承政院日记·乾隆7年9月12日》。

③　《英宗实录》（卷七十一·英宗26年5月·辛亥）；《承政院日记·乾隆15年5月10日》。

④　《英宗实录》（卷七十七·英宗28年7月·己未）；《承政院日记·乾隆17年7月1日》；《备边司誊录·英宗壬申年7月1日》。

大小：48mm 左右

其他：推测为英祖 26 年（1750 年）用于奏请的试铸货

图 16　常平通宝（背当十）

为了节约铜材，新铸钱币外形有所减小，俗称中型常平通宝钱。

始铸：英祖 28 年（1752 年）以后

大小：26－30mm

反面：上方"禁"字，下方"二"字

图 17　常平通宝中型钱（背禁字）

中型常平通宝重 1 钱 8 分至 2 钱，由三军门和统卫营共同生产。铜钱背面下方铭文除了千字文之外，还出现了五行文。部分钱币铭文制造年份"壬"字（英祖 28 年，即 1752 年）或"癸"字（英祖 29 年，即 1753 年）。

　　英祖38年（清高宗乾隆27年，即1762年）10月，李章吾主管铜钱制造工作①。他严格监管，防止各官署乱铸私铸，为稳定币制做出了重要的贡献。此后，中型常平通宝逐渐在市面上活跃起来。

　　随着流通的活跃，钱币需求量也开始增加。然而，不仅铜材不足的问题没有得到改善，一些清国商人还秘密地将铜钱输送海外。为了防止钱币外流，英祖45年（清高宗乾隆34年，即1769年），朝廷禁止了与中国接壤的关西江边地区和北关②江边地区的钱币流通③。

八、常平通宝背字的变迁

　　肃宗5年发行的常平通宝折二钱，背面下方均刻有"二"字。到了英祖年间，钱文改为千字文④和五行文⑤。

　　随着钱币需求量的增加，各铸钱官营开始增设炉冶。为了区分各炉冶钱币，钱文由最初的"二"字转变为千字文，之后又增加了五行文。

　　常平通宝背面钱文变更的原因大致如下：

　　肃宗朝初期，朝廷发行了初铸小型背单字钱和折二大型钱。其中，小型背单字钱由于流通实绩不佳，上市不久便停止了生产。相反，折二大型钱的流通情况较为良好。由于两种钱币外形差异较大，因此并不需要特别标记钱文加以区分。然而，随着社会的发展，大钱的需求量增加，分布在全国各地的铸钱官营相应增设炉冶。由此一来，质量低劣和混合杂铁的钱币也越来越多。为了保证钱币品质，朝廷指定各炉冶用千字文中的一字进行标识，所铸铜钱亦使用该字作为钱文。此法既明确了各铸钱官营职责，又有助于防止钱币的滥造私造。

---

　　①　《英宗实录》（卷一百·英宗38年10月·甲辰）；《承政院日记·乾隆28年10月15日》；《备边司赠录·英宗壬午年10月17日》。

　　②　译者注：又称"关北"，金朝鲜咸镜南道和咸镜北道地区。

　　③　《英宗实录》（卷一百一十三·英宗45年7月·乙巳）；《承政院日记·乾隆34年7月24日》。

　　④　译者注：南北朝时期的四言韵文。

　　⑤　译者注：即金木水火土。

第六节　正祖至哲宗朝期间

一、概况

如果说英祖时期是铜钱流通的发展期，那么接下来的正祖、纯祖和宪祖时期（1777—1849 年）便可以看做是铜钱流通的稳定期。

正祖初期，所铸铜钱基本保留了前朝常平通宝中型钱的样式。为了满足需求，政府购入中国铜钱并投入市场使用。不久之后，新铸钱币十钱通宝发行上市。时至正祖末期，国内严重缺乏铜材，政府将常平通宝的平均重量削减至肃宗时期初铸当一钱的重量，即 1 钱 2 分甚至是 1 钱，此重量也成了李朝后期常平通宝的规定重量。

二、中型钱制造

正祖 2 年（清高宗乾隆 43 年，即 1778 年）2 月，政府采纳户曹判书具允钰的提议，增设了五个铸钱炉铸造英祖时期同规格钱币①。由于缺乏实物，笔者推测这一时期铸币数量有限。

正祖 8 年（清高宗乾隆 49 年，即 1784 年）2 月，赵时俊提出购入国外铜材以解决钱荒问题②。此时，国内铜钱产量严重不足，朝中大臣虽屡次陈述实情却无应对之策。民间私铸恶钱、官营回收旧钱熔解乱铸的现象也十分严重，国家经济一度陷入混乱局面③。

为了打破僵局，正祖采纳了赵时俊的建议，命令常平厅购买铜材④。正祖 9 年（清高宗乾隆 50 年，即 1785 年）7 月，铸钱工作正式展开。为了防止私铸乱造，政府在铸钱所设立了度支部⑤进行监管。

---

① 《正宗实录》（卷五·正宗 2 年 2 月·丙申）；《日省录·正宗戊戌年 2 月 5 日》；《承政院日记·乾隆 43 年 2 月 5 日》。

② 《正宗实录》（卷十七·正宗 8 年 2 月·乙丑）；《日省录·正宗甲辰年 2 月 10 日》；《承政院日记·乾隆 49 年 2 月 8 日》；《备边司赡录·正宗甲辰 2 月 10 日》。

③ 《正宗实录》（卷二十·正宗 9 年 7 月·壬子）；《日省录·正宗乙巳年 7 月 5 日》；《承政院日记·乾隆 50 年 7 月 5 日》。

④ 《正宗实录》（卷十七·正宗 8 年 2 月·庚午）。

⑤ 译者注：官署名，源于清国。

同年 10 月，训练大将具善复担任铸币负责人，政府共铸出铜钱 67 万两①。

始铸：正祖 18 年（1785 年）

大小：26－31mm

其他：沿用至纯祖朝

图 18　常平通宝中型钱（数字）

这一时期铸造的铜钱为中型钱币，钱币背面上方刻有"训"字，下方用数字或千字文进行标记。

正祖 10 年（清高宗乾隆 51 年，即 1786 年），国家增设铸币设施，

---

　　① 《正宗实录》（卷二十·正宗 9 年 10 月·癸未、庚寅）；《日省录·正宗乙巳年 10 月 7 日、14 日》。

并以此为由将钱币制造定额由过去的 67 万两增加到 100 万两①。

正祖 15 年（清高宗乾隆 56 年，即 1791 年）②，铸币工作继续进行。书中虽无铸币官营和铸币数量的详细记录，但可以肯定的是常平厅从国外购入的铜材几乎全部用于正祖 10 年（1786 年）100 万两铜钱的制造。此后，铜材不足，铸币工作困难重重。

三、清国钱币的流入

正祖 16 年（清高宗乾隆 57 年，即 1792 年）10 月，国家再次计划购买 10 万两清国钱币。司译院制作购钱明细③，冬至使④将购钱意愿书递交清国政府。

执义郑泽孚和大司练申光履等人认为购入清钱将失去经济主导权，故极力反对⑤。由于缺乏史料记录，笔者无法得知当时购入清钱的详细经过。

我国境内现存的古代钱币中有大量清朝时期流通的小型乾隆通宝钱⑥，从数量上分析，应为正祖时期流入国内的清国钱币。

然而以当时的运输能力，要想输入 10 万两清国钱币绝非易事，除了巨大的人力财力，还需消耗数月时间。即便购入了清国钱币，国内的钱荒问题也不是一时半刻所能缓解的。

四、十钱通宝的发行

为了节约购钱经费，缓解钱荒问题，正祖 17 年（清高宗乾隆 58 年，即 1793 年）12 月，政府采纳了户曹正郎郑东教的建议，生产发行

---

① 《正宗实录》（卷二十二·正宗 10 年 11 月·辛巳）；《日省录·正宗丙午年 11 月 11 日》；《承政院日记·乾隆 51 年 11 月 11 日》；《备边司赠录·正宗丙午年 11 月 12 日》。

② 《正宗实录》（卷三十二·正宗 15 年 4 月·壬戌）；《承政院日记·乾隆 56 年 4 月 18 日》。

③ 《正宗实录》（卷三十六·正宗 16 年 10 月·辛未）；《日省录·正宗壬子年 10 月 6 日》；《承政院日记·乾隆 57 年 10 月 6 日、7 日、11 日》。

④ 译者注：李氏朝鲜时代定期派往中国的使臣。

⑤ 《正宗实录》（卷三十七·正宗 17 年 2 月·丙戌、3 月·戊申）；《日省录·正宗癸丑年 2 月 26 日、3 月 15 日》；《承政院日记·乾隆 58 年 3 月 15 日》。

⑥ 译者注：清朝钱币，铸于清高宗乾隆年间（1736—1795 年）。

高于常平通宝 10 倍价格的高额铜钱十钱通宝①。

正祖 18 年（清高宗乾隆 59 年，即 1794 年）4 月，户曹判书沈颐之完成了 50 万两新钱的制造工作。原定于同年 5 月 1 日正式发行的新钱②提前三日投入市场使用③。

作为李氏朝鲜最早出现的高额铜钱（当十钱），十钱通宝的上市旨在解决钱荒问题。然而，重量不过面额价值三分之一的十钱通宝完全无法得到信任，百姓避讳使用，新钱上市后不久便销声匿迹。

始铸：正祖 18 年（1794 年）

大小：38－41mm

其他：户曹铸造

---

① 《正宗实录》（卷三十八·正宗 17 年 12 月·庚申）；《日省录·正宗癸丑年 12 月 1 日》；《承政院日记·乾隆 58 年 12 月 1 日》。

② 《承政院日记·乾隆 59 年 4 月 28 日》；《日省录·正宗甲寅年 4 月 28 日》。

③ 《正宗实录》（卷三十九·正宗 18 年 4 月·甲申）。

图 19　十钱通宝

五、小型钱的出现

正祖 22 年（清仁宗嘉庆 3 年，即 1798 年），政府再次铸造发行小型常平通宝钱①，史书中并没有对这一时期的铸币官营和样式规格进行记录。

关于小型钱，书中有一小段描述：正祖看到新铸钱后，认为钱币型小量轻，不禁责问时任户曹判书的金华镇②。金解释新钱规格与流入国内的中国清朝乾隆通宝相差无几，均属小型钱币，方才免于责罚。

同年 5 月，金华镇向众人宣讲了中国货币的发展沿革，并强调中国使用的钱币同为小型铜钱，从而打消了人们对于钱币规格缩减的种种疑虑。常平通宝小钱逐渐步入人们的视野，成为了日后国内的通用货币。

宣讲会上，金华镇提议仿照中国旧例同时使用当五钱和当十钱。鉴于十钱通宝发行的失败，该提议未被正祖采纳③。

六、纯祖朝

从正祖末期到纯祖初期的七八年时间里，国家再没有生产新钱④。

---

① 《正宗实录》（卷四十八·正宗 22 年 2 月·壬寅）；《承政院日记·嘉庆 3 年 2 月 28 日》；《日省录·正宗戊午年 2 月 8 日》。

② 《正宗实录》（卷四十八·正宗 22 年 3 月·庚辰）；《承政院日记·嘉庆 3 年 3 月 16 日》；《日省录·正宗戊午年 3 月 16 日》。

③ 《正宗实录》（卷四十八·正宗 22 年 5 月·乙丑）；《日省录·正宗戊午年 5 月 2 日》；《备边司赡录·正宗戊午年 5 月 25 日》。

④ 《备边司赡录·纯宗丙寅年 10 月 5 日》。

第三章 李朝的货币

纯祖 6 年（清仁宗嘉庆 11 年，即 1806 年）10 月，国家内定每年由户曹和宣惠厅轮流铸币，然而，宣惠厅官员朴宋庆表示应将铸币工作暂时搁置①，待充分考察之后再加以落实。

纯祖 7 年（清仁宗嘉庆 12 年，即 1807 年）正月，政府在均役厅设置铸钱所，命其铸造 30 万两铜钱②。同年 10 月，均役厅完成铸币任务。30 万两新币原定于纯祖 11 年（清仁宗嘉庆 16 年，即 1811 年）发行③，但由于赈恤厅购买米谷资金不足，因此新钱的发行日提前至纯祖 9 年（清仁宗嘉庆 14 年，即 1809 年）12 月④。

新钱背"均"字小型常平通宝，是均役厅最早生产的铜钱。

纯祖 13 年（清仁宗嘉庆 18 年，即 1813 年）4 月，遂安郡守姜浚钦提出发行比当时流通钱币规格更大的当二钱币，即用 70 文铜钱成本生产 200 文流通价格的钱币。由于反对者较多，该提议无法实现⑤。

同年 11 月，咸镜道观察使金履阳获得了咸镜道官营的铸币许可，铸出背"咸"字小型常平通宝钱 65000 两⑥。纯祖 14 年（清仁宗嘉庆 19 年，即 1814 年）2 月，户曹和宣惠厅共同铸造了背"户"字、背"宣"字小型钱币 326400 两⑦。

纯祖 16 年（清仁宗嘉庆 21 年，即 1816 年）4 月，开城留守金铣

---

① 《日省录·纯祖丙寅年10月5日》；《承政院日记·嘉庆11年10月5日》；《备边司誊录·纯宗丙寅年10月5日、20日》。

② 《纯宗实录》（卷十·纯宗7年正月·乙卯）；《日省录·纯宗丁卯年正月13日》；《承政院日记·嘉庆12年正月13日》。

③ 《纯宗实录》（卷十·纯宗7年10月·戊子）；《日省录·纯宗丁卯年10月20日》；《承政院日记·嘉庆12年10月16日》。

④ 《日省录·纯宗乙巳年12月6日》；《承政院日记·嘉庆14年12月6日》。

⑤ 《纯宗实录》（卷十七·纯宗13年4月·戊午）；《日省录·纯宗癸酉年4月21日》；《承政院日记·嘉庆18年4月21日》。

⑥ 《纯宗实录》（卷十七·纯宗13年11月·癸未）；《备边司誊录·纯宗癸酉年11月20日》。

⑦ 《日省录·纯宗甲戌年2月11日》；《承政院日记·嘉庆19年2月10日》；《备边司誊录·纯宗甲戌年2月11日》。

获得了开城管理营的铸币许可①。开城管理营所铸钱币总额不详，推测为背"开"字钱文的小型钱币。

同年7月，户曹判书金履阳提议制造发行当十大钱②，8月，该提议被纯祖驳回，户曹继续生产小型钱币③。

现存的大型朝鲜通宝背"户"字一钱被看作是纯组时期户曹提议铸造的大型钱币试铸钱。然而，笔者认为此观点仅是将钱币与历史记录直接挂钩，并没有从钱币的制造手法和钱文书写体（推测为高宗时期书写体）等方面进行验证。

纯祖17年（清仁宗嘉庆22年，即1817年）10月，铜钱不断外流，国家采纳了前咸镜道观察使韩用鐸的建议，再次禁止了北部国境地区的铜钱流通④。这是继英祖时期施行禁钱令后的又一次强制措施，由此也反映出国内铜钱严重不足。

纯祖23年（清宣宗道光3年，即1823年）4月，户曹判书沈象奎提议将户曹保有的倭铜移交禁卫营管理。同25年（清宣宗道光5年，即1825年），禁卫营共铸出背"禁"字小型钱币367500两⑤，新铸钱币计划于4月正式发行⑥。

---

① 《纯宗实录》（卷十九·纯宗16年4月·丙辰）；《日省录·纯宗丙子年4月7日》；《承政院日记·嘉庆21年4月7日》；《备边司赠录·纯宗丙子年4月7日》。

② 《纯宗实录》（卷十九·纯宗16年7月·辛亥）；《日省录·纯宗丙子年7月4日》；《承政院日记·嘉庆21年7月4日》。

③ 《纯宗实录》（卷十九·纯宗16年8月·辛卯）；《日省录·纯宗丙子年8月15日》；《承政院日记·嘉庆21年8月15日》。

④ 《纯宗实录》（卷二十·纯宗17年10月·乙亥）；《日省录·纯宗丁丑年10月5日》；《承政院日记·嘉庆22年10月5日》；《备边司赠录·纯宗丁丑年10月5日》。

⑤ 《纯宗实录》（卷二十六·纯宗23年4月·壬寅）；《日省录·纯宗癸未年4月3日》；《承政院日记·道光3年4月3日》；《备边司赠录·纯宗癸未年4月3日》。

⑥ 《纯宗实录》（卷二十七·纯宗53年3月·壬子）；《日省录·纯宗乙酉年3月25日》；《承政院日记·道光5年3月25日》。

始铸：纯祖 23 年（1823 年）

大小：23－26mm

其他：纯祖 25 年 4 月发行

图 20　小钱

七、宣惠厅钱的背字变更

纯祖 28 年（清宣宗道光 8 年，即 1828 年），训练大将赵万永申请了训练都监的铸币权，辅助宣惠厅铸造钱币①。同年 12 月 25 日的朝会确定了背"训"字和背"宣"字小型新铸钱的发行日期，并规定宣惠厅铸出的钱币改用"惠"字标识。因此，现存的背"宣"字钱和背"惠"字钱均应出自宣惠厅②。

纯祖 31 年（清宣宗道光 11 年，即 1831 年）正月，京畿观察使李义准获得了京畿监营的铸币权③。同年 12 月，北部地区的禁钱令有所缓和，摩天岭④以南地区恢复了铜钱的流通⑤。

纯祖 32 年（清宣宗道光 12 年，即 1832 年）正月，训练都监和户曹共制造发行铜钱 781300 两⑥。

同月，观察使李义准由于没有按时完成京畿监营的铸币任务而遭到罢免⑦，相关铸币情况无从考证。

八、宪宗朝的动向

继纯祖朝后宪宗 2 年（清宣宗道光 16 年，即 1836 年）7 月，铸钱工作由户曹、宣惠厅和各衙门共同负责⑧。同年 10 月，广州管理营⑨也

---

① 《纯宗实录》（卷三十·纯宗 28 年 2 月·乙亥）；《翼宗代厅时日录·纯宗戊子年 2 月 29 日、6 月 6 日》；《承政院日记·道光 8 年 2 月 29 日、6 月 6 日》；《备边司誊录·纯宗戊子年 3 月 1 日》。

② 《纯宗实录》（卷三十·纯宗 28 年 12 月·庚寅）；《承政院日记·道光 8 年 12 月 25 日》。

③ 《纯宗实录》（卷三十二·纯宗 31 年正月·甲子）；《日省录·纯宗辛卯年正月 10 日》；《承政院日记·道光 11 年正月 10 日》。

④ 译者注：咸镜南道的端川和咸镜北道的城津一带。

⑤ 《纯宗实录》（卷三十二·纯宗 31 年 12 月·乙未）；《日省录·纯宗辛卯年 12 月 17 日》；《承政院日记·道光 11 年 12 月 17 日》。

⑥ 《纯宗实录》（卷三十二·纯宗 32 年正月·戊辰）；《日省录·纯宗壬辰年正月 24 日》；《承政院日记·道光 12 年正月 20 日》。

⑦ 《纯宗实录》（卷三十二·纯宗 32 年 12 月·辛酉）；《日省录·纯宗壬辰年 12 月 19 日》；《承政院日记·道光 12 年 12 月 19 日》。

⑧ 《日省录·宪宗丙申共 7 月 20 日》；《承政院日记·道光 16 年 7 月 20 日》；《备边司誊录·宪宗丙申年 7 月 20 日》。

⑨ 译者注：此处应为光州管理营。

开始进行钱币生产①。宪宗 5 年（清宣宗道光 19 年，即 1839 年），广州管理营再次铸币，所铸铜钱为背圻字小型钱币②。宪宗 6 年（清宣宗道光 20 年，即 1840 年），备局堂上右议政赵寅永建议户曹将 20 万斤倭铜全部用于铜钱铸造③。

综上所述，常平通宝源自正祖时期，兴起于小型化之后。作为国内流通货币的代表，其地位随着流通力的扩大和信誉度的提升而日益稳固。

九、哲宗朝

常平通宝小型钱作为法定流通货币，在纯祖时代打下了坚实的基础。进入哲宗时期，常平通宝继续发行流通，在使用方面没有受到任何阻碍。然而，从哲宗末年开始，受外部势力的侵蚀和国内形势恶化的影响，李朝经济遭遇了前所未有的混乱局面。官吏腐败，财政匮乏，拥有 200 多年历史根基的常平通宝面临着严峻的考验。

哲宗元年（清宣宗道光 30 年，即 1850 年）8 月，位于原州的江原监营迁至春川④。为了获取调度经费，江原观察使李谦申请铸币。起初，李谦的申请并没有得到哲宗的批准⑤，直到哲宗 3 年（清文宗咸丰 2 年，即 1852 年），江原监营才获得铸币权⑥。截至哲宗 6 年（清文宗咸丰 5 年，即 1855 年）12 月末，户曹共生产背"户"字小型钱币 1571500 两⑦。

哲宗 8 年（清文宗咸丰 7 年，即 1857 年）12 月，户曹和训练都监

---

① 《承政院日记·道光 16 年 10 月 5 日》；《备边司赠录·宪宗丙申年 10 月 5 日》；《日省录·宪宗丙申年 10 月 5 日》。

② 《承政院赠录·道光 19 年 9 月 30 日》；《备边司赠录·宪宗乙亥年 9 月 30 日》。

③ 《宪宗实录》（编七·宪宗 6 年 9 月·丁酉）；《承政院日记·道光 20 年 9 月 10 日》；《日省录·宪宗庚子年 9 月 10 日》；《备边司赠录·宪宗庚子年 9 月 10 日》。

④ 今江原道行政中心。

⑤ 《日省录·哲宗庚戌年 8 月 10 日、21 日》；《承政院日记·道光 30 年 8 月 21 日》；《备边司赠录·哲宗庚戌 8 月 21 日》。

⑥ 《哲宗实录》（卷四·哲宗 3 年 6 月·乙丑）；《日省录·哲宗壬子年 6 月 10 日》；《承政院改修日记·咸丰 2 年 6 月 10 日》；《备边司赠录·哲宗壬子年 6 月 10 日》。

⑦ 《日省录·哲宗乙卯年 12 月 24 日》；《承政院改修日记·咸丰 5 年 12 月 24 日》。

共铸造背"户"字小型钱币 916800 两①。

哲宗 13 年（清穆宗同治元年，即 1862 年）8 月，在左议政赵斗淳的建议下，咸兴营开始生产背"利"字小型钱②。由于现存背利字小型钱数量较少，因此笔者推测当时的咸兴营并没有进行批量生产，钱币生产地或为利原一带。

始铸：哲宗 13 年（1862 年）

大小：23 - 26mm

图 21 常平通宝（背利字）

高宗元年（清穆宗同治 3 年，即 1864 年）正月，政府突然对咸镜道下发铸钱禁令，这无疑给长期从事铸币工作的人们带来巨大的打击。考虑到工匠生计和铸钱禁令引发的负面影响，备边司提出了 60 日特别制造许可，即允许工匠在禁令公布后的 60 日内继续铸造铜钱③。这一时

---

① 《日省录·哲宗丁巳年 12 月 10 日》；《承政院改修日记·咸丰 7 年 12 月 10 日》。

② 《哲宗实录》（卷十四·哲宗 13 年 8 月·丁丑）；《日省录·哲宗壬戌年 8 月 27日》；《承政院改修日记·同治元年 8 月 27 日》；《备边司誊录·哲宗壬戌年 8 月 27 日》。

③ 《日省录·李太王癸亥年 12 月 20 日、甲子年正月 8 日》；《承政院改修日记·同治 2 年 12 月 20 日》；《备边司誊录·李太王癸亥年 12 月 20 日》；《东山日记·三·甲子纪正月 7 日》。

期生产的铜钱为背"利"字钱，铜钱下方刻有"地"字。

第七节 高宗朝

一、西洋货币的流入

高宗朝时期，外国船只频繁在港口活动，西洋货币在不知不觉中渗透到国内。和铜钱相比，这些具有实际价值的外国大型银元（墨西哥银元、西班牙银元等）规格统一，携带方便，受到百姓的青睐。西洋货币的出现，动摇了有着200多年历史的常平通宝的根基。

为了保护常平通宝，在高宗3年（清穆宗同治5年，即1866年）10月，政府全面禁止西洋货币的使用，并严惩违反这一禁令的人①。

然而，随着和外国交往的日益频繁，李氏王朝受西方列强干涉的现象愈发严重。为了解决财政困难，政府开始大量铸币，常平通宝价格瞬间暴跌，经济前景堪忧。

二、当百钱发行

高宗3年（清穆宗同治5年，即1866年）11月，摄政大院君②为了调度修补景福宫工程的资金，采纳了左议政金炳学的建议，命令户曹管辖的禁卫营增设炉冶，铸造常平通宝当百钱③。

当百钱的成本为平钱（小钱）的5倍至6倍，但发行价格却高出其百倍，政府企图通过当百钱获得巨大的发行利益。

---

① 《日省录·李太王丙寅年10月18日》；《承政院改修日记·同治5年10月18日》；《议政府（备边司）赡录·李太王丙寅年10月18日》。

② 译者注：即兴宣大院君，高宗生父。

③ 《日省录·李太王丙寅年10月30、11月6、11月7日》；《承政院改修日记·同治5年11月6日》；《议政府（备边司）赡录·李太王丙寅年11月5日》；《朝鲜史·第六编·第四卷》，p. 129。

铸造：户曹管辖下禁卫营设炉铸造

始铸：高宗3年（1866年）11月

大小：39–40mm

图22　常平通宝当百钱

同年12月，新当百钱使用规则出台。政府公布"参互流通法"[①]，即每笔交易额中的三分之二由当百钱构成，剩余三分之一由平钱（旧钱）构成。

然而，百姓却拒绝收取和使用当百钱，市场上钱贱物贵，弊端百出。最终，政府不得不在高宗4年（清穆宗同治6年，即1867年）5

---

① 《日省录·李太王丙寅年12月2日》；《承政院改修日记·同治5年12月2日》；《议政府（备边司）赠录·李太王丙寅年12月2日》。

月 15 日停止了当百钱的铸造①。

三、中国货币的广泛使用

考虑到制钱成本，输入外国钱币显然比自行铸币更为节省。因此，高宗 4 年（清穆宗同治 6 年，即 1867 年）6 月，政府购入中国货币并以与旧钱相同的价格投入市场②。一时之间，嘉庆通宝③、道光通宝④、同治通宝⑤等中国"劣币"（当时中国同样制造发行质量低劣的钱币）大量涌入国内，有着 200 多年流通历史并深受国民信赖的常平通宝因此受到严重的冲击。

高宗 5 年（清穆宗同治 7 年，日本明治元年，即 1868 年），政府强制流通当百钱⑥，但收效甚微。当百钱完全无法履行国家法定货币职能，除收租纳税外在实际交易中几乎不被使用。

为了整顿币制，政府在同年 10 月接受了司宪府掌令崔益铉的建议，终止了当百钱的流通⑦。作为国家货币史上最高面额的铸造货币，当百钱不仅难逃短命厄运，还面临着被政府无偿强制回收的尴尬局面。实际上，当时大部分当百钱都已被百姓熔解秘藏，回收数量极为有限。

当百钱的回收是李氏朝鲜历史上首例无偿回收钱币事件，这在世界货币史上亦不多见。

高宗 11 年（清穆宗同治 13 年，日本明治 7 年，即 1874 年）1 月，国内持续流通中国货币。官商勾结导致大量廉价清钱占据流通市场，一时之间物价暴涨，市场秩序极度混乱。没过多久，政府便停止了中国货

---

① 《日省录·李太王丁卯年 5 月 3 日》；《承政院改修日记·同治 6 年 5 月 3 日》。
② 《日省录·李太王丁卯年 6 月 3 日》；《承政院改修日记·同治 6 年 6 月 3 日》。
③ 译者注：铸于清仁宗嘉庆年间（1796—1820 年）。
④ 译者注：铸于清宣宗道光年间（1821—1850 年）。
⑤ 译者注：始铸于清同治元年（1862 年）。
⑥ 《平安监营关牒·戊辰年 3 月 7 日》；《龙湖间录·二十·戊辰年 3 月 2 日》。
⑦ 《日省录·李太王戊辰年 10 月 10 日》；《承政院改修日记·同治 7 年 10 月 10 日》。

币的流通①。

四、朝鲜通宝背"户"字平钱

高宗 18 年（清德宗光绪 7 年，日本明治 14 年，即 1881 年）11 月，武卫所制造了背武字小型钱币②。有观点认为，前文提到的大型朝鲜通宝背户一钱也是这一时期武卫所的试铸钱币，其依据是大型朝鲜通宝的铸造手法和钱文字体与背武字小型钱币一致，正面钱文均采用了朝鲜通宝字体而并非以往的常平通宝字体。

铸造：武卫所

始铸：高宗 18 年（1881 年）

大小：23 - 26mm

其他：试铸货

图 23　朝鲜通宝（小钱）

高宗 19 年（清德宗光绪 8 年，日本明治 15 年，即 1882 年）7 月，户曹铸造新钱，具体数量不详。

五、大东钱的发行

高宗时期，政府计划发行金币和银币，大东钱应运而生③。

———————————

① 《日省录·李太王甲戌年正月 6 日》；《承政院改修日记·同治 13 年正月 6 日》；《公车日录·一·甲戌年正月 6 日》；《政治日记·甲戌年正月 6 日》。

② 《日省录·李太王辛巳年 11 月 21 日》；《承政院改修日记·光绪 7 年 11 月 21 日》。

③ 《日省录·李太王壬午年 7 月 25 日》；《承政院改修日记·光绪 8 年 7 月 25 日》；《议政府（备边司）谢录·李太王壬午年 7 月 25 日》；《政治日记·壬午年 7 月 25 日》。

在德国人穆麟德（Mollendorf Paul Georgetown，1848—1901 年）的指导下，户曹将从中国购入的三万两马蹄银铸造成大东一钱、二钱、三钱三种银币，并于高宗 19 年（清德宗光绪 8 年，日本明治 15 年，即1882 年）11 月发行上市①。

铸造：户曹

始铸：高宗 19 年（1882 年）

发行：高宗 19 年（1882 年）

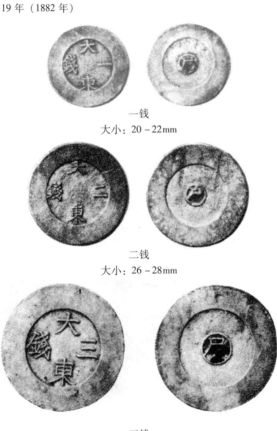

一钱

大小：20 – 22mm

二钱

大小：26 – 28mm

三钱

大小：32 – 34mm

图 24　大东钱（银钱）

---

① 《日省录·李太王壬午年 11 月 29 日》；《政治日记·壬午年 11 月 30 日》；《承政院日记·光绪 8 年 11 月 30 日》。

政府最初计划以使用良币驱除劣币的方式来整顿混乱的经济局面。然而，格雷欣法则定律①表明，优质的大东钱或流向海外，或作为资产被富人收藏，势必不会在市面上停留。不仅如此，大东钱的原材料马蹄银价格居高不下，政府为了控制成本只能少量生产。

图25 马蹄银 清德宗光绪24年（1898年）

六、当五钱的发行

高宗于20年（清德宗光绪9年，日本明治16年，即1883年）2月接受了总理军国事务官②洪淳穆的建议，命令左赞成闵台镐监督禁卫

---

① 译者注：指良币退藏，劣币充斥的现象。
② 译者注：高宗19年（1882年），国家设置统理军国事务衙门官职。

营铸造背户字当五钱①。

同年 4 月，江华岛沁营也展开了当五钱的生产工作②，新钱于 5 月 5 日上市流通③。同年 7 月，为了确保当五钱的顺利发行，政府新设典圜局并制定新币使用规定④。

铸造：典圜局

始铸：高宗 20 年（1883 年）7 月

大小：28 – 32mm

图 26　常平通宝当五钱（背典字）

与当百钱一样，当五钱同样无法获得百姓的信任。除了缴纳租税等

---

①　《日省录·李太王癸未年 2 月 19 日、2 月 21 日》；《承政院改修日记·光绪 9 年 2 月 18 日、2 月 21 日》。

②　《日省录·李太王癸未年 4 月 11 日》；《承政院改修日记·光绪 9 年 4 月 11 日》。

③　《日省录·李太王癸未年 5 月 4 日》；《承政院改修日记·光绪 9 年 5 月 4 日》。

④　《日省录·李太王癸未年 7 月 5 日》；《政治日记·癸未年 7 月 5 日》；《承政院日记·光绪年 7 月 5 日》。

政府强制规定外，当五钱在一般的市场交易中勉强以旧钱两倍的价格流通使用。

笔者推测高宗 20 年（清德宗光绪 9 年，日本明治 16 年，即 1883 年），即禁卫营铸造了背"户"字当五钱后，均役厅、统御营、江原监营、昌德宫等官营也陆续开展了当五钱的铸造工作。由于铸币技术参差不齐，且铜钱掺杂大量杂铁，劣质的当五钱层出不穷。高宗 25 年（清德宗光绪 14 年，日本明治 21 年，即 1888 年）7 月，汉城万里仓铸造的京字当五钱在流通时严重破损，所铸钱文模糊不清，堪称劣币之最①。

铸造：京畿监营（汉城万里仓）

始铸：高宗 25 年（1888 年）7 月

大小：28mm 左右

图 27　常平通宝当五钱（背京字）

七、背平字小钱的发行

高宗 27 年（清德宗光绪 16 年，日本明治 23 年，即 1890 年），典圜局②在平壤设立分所③，开始铸造背平字当五钱。考虑到前期当五钱的流通效果不佳，平壤分所最初只铸造了少量钱币，之后又批量铸造了一文钱币。

---

① 《日省录·李太王戊子年 7 月 3 日》；《承政院日记·光绪 14 年 7 月 3 日》。
② 译者注：高宗时代设置的铸钱官署。
③ 《日省录·李太王庚寅年 12 月 19 日》；《承政院日记·光绪 16 年 12 月 19 日》。

铸造：平壤典圜局分铸所

始铸：高宗 27 年（1890 年）

大小：28 – 32mm

图 28　常平通宝当五钱（背平字）

背平字一文钱币含铜量不过 30% ~ 40%，重量也仅为旧钱的三分之一，堪称李氏王朝建国以来所铸的最劣钱币。新钱（平字一文钱）在全国各地大量发行，旧钱回收后再次回炉销熔重铸，政府在新旧钱币的转换过程中获得了高额的铸钱利益。

京字当五钱和新钱（平字一文钱）反映出李氏朝鲜末期国家的衰败和经济形势的动荡不安。

第四章
高宗末年和旧韩国时代的货币

第一节　高宗末叶

高宗 20 年（清德宗光绪 9 年，日本明治 16 年，即 1883 年）以后，政府虽然发行了大量粗制当五钱和新钱（平字一文钱），但始终无法进行全国性的流通普及。地方自行制定规则使用叶钱、新钱、当五钱等，货币的交换价格无法统一。除此之外，小额铜钱在携带、交易和运输等方面多有不便。为了顺应时代发展，政府开始币制改革，计划用西方货币取代现行钱币。

一、海关纳税支付汇票

作为币制改革的序曲，高宗 20 年，政府印制了关于韩日通商章程和海关税目的协定。该协定允许日本第一银行代理釜山、仁川等开放口岸的海关税收取业务。

然而，当时市面上种类繁多的流通货币给庞大的税收工作带来了不小的阻碍。为了简化海关税收手续，高宗 21 年（清德宗光绪 10 年，日本明治 17 年，即 1884 年），日本第一银行发行了海关支票[①]。和传统

---

① 译者注：类似现在银行发行的汇票。

货币相比，海关支票携带方便，支取灵活，发行不久便活跃在国内的交易中。

发行处：日本第一银行

发行日期：高宗21年（1884年）

图29　海关纳税支付汇票

传统的用钱模式使得百姓尚且能够使用铜钱，然而，越来越多的外国人开始反映现有钱币的诸多不便。他们呼吁改革币制，建议引进西方货币。

二、押铸当五钱

高宗 21 年 2 月，德国人穆麟德担任典圜局总管，负责发行西方货币。穆麟德从德国购入钱币原料，并招募了两名德国技师，在位于昌德宫敦化门左侧苑洞的典圜局临时事务所内，以当五钱等旧钱为模板，制造了多种近代式货币。由于试制货币与旧钱差别不大，未能得到采用。

铸造：典圜局临时事务所（昌德宫敦化门左侧苑洞）

始铸：高宗 21 年（1884 年）

其他：约六七种始铸货币

图30　常平通宝当五钱（押铸货）

三、近代货币的试铸

之后，穆麟德作为修信副使访问日本，在日本政府的引荐下，结识并招聘了日本造铸局前任职员兼雕刻大师稻川彦太都、池田隆雄、机械技师三谷克三等人。高宗 22 年（清德宗光绪 11 年，日本明治 18 年，即 1885 年），日本工匠试制了五文铜币和一两银币（原材料为锡），试铸钱币将乙酉年（即高宗 22 年）作为年记标识。

大小：24mm×1.5mm

重量：3.5g

年记：乙酉年

图 31 - 1　一两（锡）

大小：17mm×1.25mm

重量：1.5g

年记：乙酉年

图 31 - 2　无文（铜）

高宗 23 年（清德宗光绪 12 年，日本明治 19 年，即 1886 年），国家内定了新式货币的票面价格和样式，并试制了包含二十圜①、十圜、五圜、二圜、一圜金币，一圜、五两、二两、一两、半两银币，二十

————————

① 译者注：李氏朝鲜时期货币单位。

文、十文、五文、二文、一文铜币在内的十五种新式货币（金币和银币原材料为锡，五种金币均采用镀金技术），这些试制货币以开国495年作为年记标识。

大小：36mm×2mm

重量：14.5g

图32　二十圜

按照原定计划，十五种新式货币本应批量生产。但鉴于典圜局条件有限，政府又在南大门西侧地区（现南大门国民学校附近）增设了典圜局造币厅。高宗24年（清德宗光绪13年，日本明治20年，即1887年），随着造币厅的竣工，新式货币进入了大规模生产阶段。

四、近代式货币暂定发行

高宗25年（清德宗光绪14年，日本明治21年，即1888年），国家铸造发行了首批开国497年记的一圜银币和十文、五文铜币。长期使用铜钱的百姓一时之间无法接受新式货币。

同年8月24日，左议政金炳始认为典圜局造币厅消耗国家财富，百害而无一利，建议将其废除。市面上，百姓仍一如既往地使用当五钱、新钱（平字一文钱）等旧币。实际上，由于资金短缺，新式货币的制造工作本就难以维持，典圜局不得不生产成本低廉的当五钱和新钱维持经营。另外，李氏朝鲜末期，民间私铸货币的现象十分严重，国家财政面临崩溃危机，这无疑使新式钱币的生产工作雪上加霜，国家已然无力解决此刻混乱的经济局面。

始铸：高宗 25 年（1888 年）

大小：38mm×2.5mm

重量：416g

年记：开国 497 年

其他：与开国 495 年记始铸货币图案相同

图 33　一圜银货（大极章）

最终，政府决定导入外国资本，进行币制改革。时任典圜局帮办的安驷寿前往日本大阪，通过日本同学林有造和日本第五十八国立银行负责人大三轮长兵卫等人的引荐，结识并获得了大阪制铜会社社长增田信之的帮助。

起初，安驷寿希望按照原定计划生产叶钱，但增田信之却提议铸造近代货币。时任日本大阪造币局局长的達藤謹助和代理局长長谷川爲治也建议安驷寿顺应时代发展，用西方近代货币取代传统货币。最终，安驷寿改变计划，开始生产西式货币。

新货币在生产过程中多次采用增田信之的提议，货币样式、重量与日本货币相差无几。

增田信之以赋予日本人典圜局经营权和任命大三轮长兵卫为典圜局官吏的条件，提供制造新货币的贷款。高宗接受了日方要求，获得了日本政府二十五万圜贷款以及用于兴建典圜局、增加机械设备的二万零七百圜赠款。

五、仁川典圜局

根据两国协议，增田信之担任典圜局监管。高宗29年（清德宗光绪18年，日本明治25年，即1892年）11月，增田信之以方便来往为由，在仁川（现在仁川女高地区）新设典圜局。同时，原汉城典圜局宣告解体，机械设备由仁川典圜局统一接管。

仁川典圜局监管一职由增田信之代理人横濑之彦担任。三上豊和两名日本员工（姓名不详）担任事务员，川副定馨担任机械师，東金之助担任雕刻师，副田卯吉、副田卯七担任冲制工。另外，还有5名至6名日本员工参加了新典圜局的准备工作。当月，机械设备调试工作完毕。高宗29年（清德宗光绪18年，日本明治25年，即1892年）12月4日，仁川典圜局进入试运行阶段。

六、近代货币制造的开始

在铸造五两银币后，仁川典圜局又于高宗29年（清德宗光绪18年，日本明治25年，即1892年）12月7日开始生产五分铜币。同时，一两银币、二钱五分白铜币、一分黄铜币的制造工作也陆续完成。

始铸：高宗29年（1892年）12月4日

大小：38mm×2.5mm

重量：416g

年记：开国501年

其他：高宗31年8月20日制作发行19 923枚

图34　五两银货

由于典圜局缺少工程设备，只能先行购入素钱（圆形的板金），再进行简单的冲制加工。

同年 11 月，政府从日本购入了 20 000 枚用于制造五两银币的素钱和 234 635 枚用于制造一两银币的素钱。高宗 30 年（清德宗光绪 19 年，日本明治 26 年，即 1893 年）7 月，又向日本大阪造币局购入了 145 000 枚用于制造一两银币的素钱，并向日本大阪制铜会社购买了若干用于制造白铜币、赤铜币和黄铜币的素钱。

七、兑换署的设置

为了管理仁川典圜局，规范新旧钱币的兑换业务，国家新设了兑换署。兑换署印发了 4 种户曹兑换券（五十两，二十两，十两，五两券），用于兑换钱币，整顿币制。

发行处：兑换署

生产日期：高宗 30 年（1893 年）

其他：未发行券

图 35　户曹兑换券

兑换署由典圜局内定负责人大三轮长卫担任，事务所设立在汉城。仁川地区的日本第五十八银行仁川支行和釜山地区的河边九郎三郎商店代理兑换署相关业务。日本政府原计划在主要城市陆续设置支署，但此时国家就典圜局的利权和主导权问题与日本产生了严重的分歧，双方矛盾不断发生。

高宗意欲收回典圜局，中国政府也对造币权被日本人掌管一事颇为不满，在幕后不断施压驱赶日本势力。最终，国家调度 250 000 圆①资金（实际支付了 144 099 圆）偿还了增田信之的借款。

高宗 30 年（清德宗光绪 19 年，日本明治 26 年，即 1893 年），国

_____

① 译者注："圆"为日本货币单位。

家收回了典圜局的运营权，废除了作为典圜局旁系官署的兑换署，并集中销毁了尚未面市的户曹兑换券。

日本人回国之后，典圜局于再次运营，日常工作由高宗28年曾在日本大阪造币局进修9个月的李亨顺、河圣根，和高宗29年在大阪学习造币机技术的韩旭等人负责。但是，由于经费不足、技术运营能力落后，新币铸造工作频繁中断。

此时的仁川典圜局共有冲币机9台，其中3台为原典圜局所有，另外6台为日本大阪造币局赠予。9台冲币机一天工作10小时，可冲制20万枚五分铜币。典圜局在职员工30余人，韩旭担任机械长，李行一担任雕刻技师。

高宗30年（清德宗光绪19年，日本明治26年，即1893年），国家决定改造五两银币。安驯寿再次前往日本，购买了大阪造币局新五两银币的印章（票面改用一圜标注）以及若干银素钱、铜素钱、白铜材。同年8月，安驯寿邀请日本雕刻师東金之助参与铸币工作。

一度停业的仁川典圜局于8月23日再次恢复运转。然而，由于缺乏对货币制度的了解以及资金调度的困难，典圜局面临着十日作业，六十日整修的尴尬局面。

八、新式货币延迟发行

综上所述，西式货币在生产过程中遭遇了许多坎坷，制造出来的货币也由于种种原因迟迟无法上市流通，放置仓库长达三年之久。

新货币无法顺利发行的主要原因是典圜局运营状况不佳，作业频繁中断，货币产量不足，作为本位货币的五两银币和一圜银币数量尤为稀少。

另一方面，时任朝鲜驻在官的清朝官员袁世凯[1]对于高宗29年（清德宗光绪18年，日本明治25年，即1892年）制造的铭文"大朝鲜货币"（年记开国501年）产生异议。他认为，"大"字只有中国才可

---

[1]　译者注：1882年朝鲜发生壬午军乱，袁世凯东渡朝鲜，平定版乱，后以帮办朝鲜军务身份常驻朝鲜。

使用。袁世凯要求削除货币上的"大"字，此举间接导致了新货币的迟发。

此后，新货币铭文一律修正为"朝鲜"（年记开国 502 年以后货币）。事实上，高宗也希望通过修改铭文达到迟发新币的目的，他担心一旦新币上市，国内的经济主导权将被日本完全掌握。

始铸：高宗 30 年（1893 年）

大小：38mm×2.5mm

重量：416g

年记：开国 502 年

其他：少量铸造

图 36 一圜银货（李花章）

九、新式货币发行章程的公布

高宗 31 年（清德宗光绪 20 年，日本明治 27 年，即 1894 年）7 月，中日战争①以中国的溃败告终。同年 8 月 20 日，政府公布了新式货币发行章程全七条，该章程标志着近代货币制度的确立。

新式货币为开国 501 年记大朝鲜货币、开国 502 年记朝鲜货币和开国 503 年记朝鲜货币。新式货币发行章程公布后，政府又制造并发行了开国 504 年记朝鲜货币（使用开国 503 年记印章）、大朝鲜货币（使用

———————

① 译者注：即中日甲午战争。

新年记印章）和开国 505 年记大朝鲜货币。

新式货币发行章程内容如下：

新式货币发行章程

第一条：新式货币由银、白铜、赤铜、黄铜四种材料制造而成。

第二条：新式货币的最小单位是"分"，十分为一钱，十钱为一两。

第三条：新式货币由"一分黄铜币""五分赤铜币""二钱五分白铜币""一两银币"和"五两银币"五种货币组成。

第四条：新式货币中的五两银币为本位货币，一两银币以下为辅助货币。一两银币以一百两限度进行交易；二钱五分白铜币、五分赤铜币、一分黄铜币以五两为限度进行交易，但交易双方达成特殊协议的情况除外。

第五条：一分黄铜币可以兑换旧钱 1 枚，五分赤铜币可以兑换旧钱 5 枚，二钱五分白铜币可以兑换旧钱 25 枚，一两银币可以兑换旧钱 100 枚，五两银币可以兑换旧钱 500 枚。

第六条：新式货币将用于国家全部税金的收取和俸禄的支付，特殊情况下可用旧钱代付（代付时参考第五条）。

第七条：新式货币批量发行之前，允许并用与本国货币同质、同量、同价的外国货币。

十、白铜币的泛滥

新式货币发行章程被视为国家币制的重大改革。然而可惜的是，此次改革只是纸上谈兵，缺乏实际行动。本位货币五两银币最初仅仅发行了 19 923 圜，而实际价值与票面价值差异较大的白铜币由于铸造利益丰厚被大量生产，导致发行泛滥。官僚收受贿赂，允许私铸；公务人员私自使用官制印章，用私铸铜币换取叶钱牟取利润。短短几年时间，白铜币的流通额占据了全国货币流通额的大半，本位货币和叶钱被逐出市场。白铜币的价值跌至法定价值的二分之一。市场上，日本银元①的流通量增加。

始铸：高宗29年（1892年）12月7日

大小：20mm×2mm

重量：5g

年记：开国501—505年，光武元5年

发行日期：高宗31年8月22日

图37　二钱五分白铜货

国内最初生产的开国501年记大朝鲜货币的印章是由日本大阪造币局制作而成。印章正面图案由江上源二朗雕刻，背面图案由益田友雄雕刻，此后货币印章出处不详。

高宗32年（清德宗光绪21年，日本明治28年，即1895年）6月，李朝政府为了扩建仁川典圜局，邀请了日本大阪造币局技术人员益田能太朗来韩进行实地考察。但由于缺少经费，扩建计划一直无法落实。

---

① 译者注：日本货币。明治时期日本政府为了贸易结算便利，制造了与墨西哥银元几乎同质同量的银币。

第四章　高宗末年和旧韩国时代的货币

十一、日本银元的进出

根据新式货币发行章程第七条，新货币在发行期间，大量日本银元和墨西哥银元流入国内。国外方面，和日本的商贸交易主要以日本银元进行结算，和清朝的交易则使用墨西哥银元。

此时国内本位货币不足，白铜币泛滥，日本银元、墨西哥银元等外国货币逐渐占据流通界主导地位。然而，随着中国势力的削弱，日本银元开始驱逐墨西哥银元，日本开始向朝鲜半岛发动全面的经济侵略。

十二、"银"字日本银元的流通

光武①3年（清德宗光绪23年，日本明治30年，即1899年），日本实行金本位制，日本银元丧失了法定货币职能被迫回收。国内的流通货币再次回到劣货泛滥、货币混用的时代，商贸交易萎靡不振。受金本位制影响，日本在韩国构筑的经济体系也开始动摇。在韩国设有支行的日本第一银行于同年8月向日本银行提出了"朝鲜国币制私"议案，提议在韩国国内流通日本一圆银元。

即在仁川、釜山、元山、汉城等地，官民可自愿将其持有的日本银元进行"银"字押刻②后继续使用，押刻后的日本银元可暂时充当韩国贸易市场的流通货币。

此提议得到日本银行和日本大藏省的支持，日本政府说服了时任韩国总税务司司长的英国人布朗，双方约定将刻印后的银元作为海关税收纳手段。日本第一银行韩国支行当即决定用新刻印银元交换本已丧失法定货币职能的日本银元。

光武2年（清德宗光绪24年，日本明治31年，即1898年）7月12日、19日，仁川领事馆宣布第八号、第九号文件，文件以新式货币章程第七条为依据，制定了"银"字日本银元的使用办法。由此，"银"字日本银元正式在国内市场流通。

---

① 译者注：高宗34年（1897年），高宗成立大韩帝国，改年号为"光武"，后文简称"韩国"。

② 译者注：即在日本银元字面押刻"银"字。

发行日期：光武 2 年（1898 年）7 月 19 日

大小：38mm×2.5mm

重量：416g

其他：日本 1 圆银货正面刻有直径 4.5mm 的银字

图38　日本银圆（银字刻印）

第二节　旧韩国时代[1]

一、俄韩银行

日本在朝鲜半岛的大规模经济扩张活动被活跃在远东地区的俄国看在眼里，他们同样虎视眈眈，伺机而动。

光武元年（清德宗光绪 23 年，日本明治 30 年，即 1897 年），俄国与韩国的亲俄派联合对李朝政府施加压力，不仅解除了英国人布朗的职务，还任命俄国人阿列克谢[2]担任韩国财政顾问，企图中止"银"字日本银元在韩国市场上的流通。

作为先行策略，俄国于光武 2 年（清德宗光绪 24 年，日本明治 31 年，即 1898 年）3 月投资 50 万卢布，在汉城贞洞俄国公馆开设俄韩银

----

①　译者注：书中提到的旧韩国时代，指光武元年（1897 年）至日政统治（1910 年）的大韩帝国时期。

②　译者注：Alexeyer Mikhail（1857—1918 年），此处为音译。

行。为了日后能够在韩国发行通用货币，俄韩银行制作了银行券并完成了新币券种、图案、规格设计，冲制了刻有鹫纹图案的半圜银币（光武3年年记）。

制造：光武3年（1899年）

大小：31mm×2.5mm

重量：13.5g

年记：光武3年

制造者：露韩银行

制造处：不详，或为露西亚国

图39　半圜试铸货（银货鹫纹）

然而，有观点认为这些银行券和银币是在俄国制造后输入国内的。

得知此事后，日本和因布朗解任一事而对俄国不满的英国联合起来共同对抗俄国。英国远东地区舰队甚至驶入仁川港口，对俄进行武力示威。

趁此机会，国内反俄派联手展开了一系列抵制俄国运动。迫于外界压力，俄国于光武2年（清德宗光绪24年，日本明治31年，即1898年）3月召回了阿列克谢，并在同年5月关闭了仅开设3个月的俄韩银行。

二、龙山典圜局

光武2年1月（清德宗光绪24年，日本明治31年，即1898年），政府计划再次扩建仁川典圜局。时任典圜局局长的李容翊派遣技师韩旭前往日本寻求帮助。

同年 8 月，仁川典圜局扩建工程正式开始。然而，高宗将典圜局迁址至龙山的计划迫使扩建工程暂时中断。同年 10 月 20 日，龙山典圜局新建工程开始。光武 4 年（清德宗光绪 26 年，日本明治 33 年，即 1900年）7 月，龙山典圜局竣工，货币投入生产。由于政府仅允许生产利润丰厚的二钱五分白铜币，因此国内的流通市场成为没有本位货币的白铜币专用市场。

关于二钱五分白铜币，值得关注的是其制造年份与印章年份不统一。究其原因，是光武 2 年的印章库存量大，故而沿用至光武 5 年。

光武 3 年、4 年、5 年的现存印章数量仅 1～2 个。

在贸易方面，"银"字日本银元和非官方的日本银行券占据着大部分国内市场，韩国货币仅在小额交易中使用。部分地区甚至拒绝使用政府发行的新式货币，继续流通旧叶钱（旧叶钱具有实质价值，质量优于新式货币）。

三、货币条例的公布

光武 5 年（清德宗光绪 27 年，日本明治 34 年，即 1901 年），亲俄派代表李容翊担任度支部大臣，并在俄国的支持下开始全面推行币制改革。同年 2 月，政府公布了阿列克谢起草的勅令第 4 号货币条例，该条例旨在阻止与本位货币无异的日本银元在韩国的流通。货币条例参照日本货币法，采用金本位制，将货币种类划分为二十圜、十圜、五圜金币和半圜、二十钱银币、五钱白铜币、一钱赤铜币等七种，货币的发行权归属大韩帝国政府。同时，全面禁用"银"字日本银元，韩国政府不再向日本国购买制币素材。光武 6 年（清德宗光绪 28 年，日本明治 35年，即 1902 年），政府从美国购入价值 200 万元的白铜材。

然而，当时的政府只试制了少量货币，即半圜银币、五钱白铜币以及一钱赤铜币。随着俄日战争的爆发①，新货币的发行计划被迫中断，已经制成的货币也被日本军队没收后销熔。

新货币的图案是以前文提到的俄韩银行设计原图为基础修改而成，

---

① 译者注：俄日战争（1904—1905 年）。

原图由李容翊秘密保管。

四、日本第一银行券的发行

由于市场上劣币（旧白铜币）泛滥，良币短缺，城内的中国商人同顺泰发行了多种钱票并意欲流通，部分日本商人也开始发行韩钱预置支票。一时之间，市场交易极度混乱。负责海关税收业务的日本第一银行深受其害，只允许接收日本银元、墨西哥银元和日本货币的关税规定使得税收工作变得极为不便。不仅如此，市场上良币的短缺也给贸易带来了消极影响。为了打破僵局，巩固经济基础，日本第一银行负责人澁泽荣一向日本政府提出了发行不记名银行券的特别申请。日本大藏大臣于光武6年（清德宗光绪28年，日本明治35年，即1902年）批准其申请，并指定日本第一银行于11月5日制作发行。根据计划，日本第一银行制作了1圆、5圆、10圆三种银行券，银行券可与日本货币进行兑换。发行额度方面，1圆券为30万圆，5圆、10圆券各50万圆，共计130万圆。银行券的生产工作由日本大藏省印刷局统一负责，生产出的银行券由本店输送到韩国各支行和办事处。同年5月31日，日本第一银行制定的银行券发行办法和使用规定得到了大藏省的批准。

制造：日本大藏省印刷局

发行：日本第一银行韩国各支行

发行日期：光武6年（1902年）12月

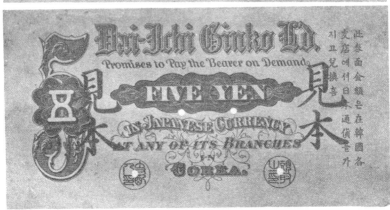

图 **40** 日本第一银行拾圆券（旧券）

（五圆券）

第四章　高宗末年和旧韩国时代的货币

同年 5 月 20 日，1 圆券在釜山支行率先发行；5 月 26 日、27 日、28 日，1 圆券又相继在木浦办事处、仁川支行、汉城支行上市发行；8 月、12 月，5 圆券、10 圆券在国内发行流通。

由于日本第一银行券制作精美，携带方便，一经发行便受到釜山、木浦等地的欢迎。然而，汉城、仁川一带忌讳使用日本第一银行券，仁川绅商协会等机构甚至拒绝收取。光武 6 年（清德宗光绪 28 年，日本明治 35 年，即 1902 年）8 月，亲俄派展开了抵制日本第一银行券的活动，他们呼吁韩国政府废除日本银行券。迫于压力，大臣赵秉式在 5 圆券上市不久后的 9 月 11 日向各港口监理①下发了日本第一银行券收受禁止令。

在此之前，日本第一银行准备了充足的资金以备不时之需。禁止令公布后，除了汉城镇南浦外，其余地区均没有执行。银行券的信用不减反增，一时之间流通额大幅度增加。另外，日本代理公使萩原守一与韩国政府不断交涉，最终以日方每年 6 月和 12 月向韩国政府提交日本第一银行券发行报告为附加条件，于光武 7 年（清德宗光绪 29 年，日本明治 36 年，即 1903 年）1 月 8 日得到了八港一府的解禁令。

然而，亲俄派代表李容翊从旅顺归国后再次掀起了抵制日本第一银行券的运动。光武 7 年 2 月初，李道宰就任外部大臣，并以京城府尹的名义发布了严禁使用日本第一银行券的公告。

禁止令公布后，日本代理大使萩原守一入宫进行协调。同时，归日途中的林公使也乘坐日军舰高砂号返回，向韩国政府施加压力。最终，韩国政府于 2 月 12 日再次撤销了禁止令。

光武 7 年（清德宗光绪 29 年，日本明治 36 年，即 1903 年）6 月，国内展开抵制日本第一银行券和同顺泰票券的运动。大量百姓涌进银行，要求全额兑换银行券。由于事先准备充分，日本第一银行立即为持有者进行了全额兑换。经过此事，百姓开始认识到日本第一银行的职能和信用，他们不再排斥银行券，抵制运动无疾而终。为了巩固日本第一

---

①　译者注：监理署官职，负责管理通商口岸贸易事务。

银行信誉，充实交换力并减少滥发货币的危害，日本政府于同年3月末指定日本第一银行制定出关于最高发行额、支付准备比率、兑换方法以及预备券、回收券、损伤券的出纳和保存方案。日本第一银行于6月8日拟订方案，并在7月3日获得了日本大藏省的批准。

五、日本第一银行小额券

除了10圆、5圆、1圆券以外，日本第一银行还发行了50钱、20钱、10钱三种小额银行券。光武8年（清德宗光绪30年，日本明治37年，即1904年），俄日战争爆发，日本军队驻扎韩国时由于缺少辅助货币深感不便。对此，日本大藏省命令日本第一银行生产小额银行券。小额券于同年9月发行。起初，小额券仅在军队内部使用，并非作为流通货币长期发行。然而，对于长久以来缺乏辅助货币的韩国而言，小额券的出现极大缓解了市场交易的不便，百姓争相持有，发行额一度增加。光武9年（清德宗光绪31年，日本明治38年，即1905年），随着俄日战争的结束和韩国本土辅助货币的发行，日本第一银行小额券的回收工作全面展开。

发行日期：光武8年（1904年）6月

图41　日本第一银行小额券

据不完全统计，后期韩国银行①在接管日本第一银行工作时，小额券的库存量仅为1万余圆。

综上所述，光武元年（清德宗光绪23年，日本明治30年，即1897年）之后，国家并未发行本位货币，市面上流通的货币主要有小额新式货币、"银"字日本银元、日本第一银行券和部分外国银币等。国内部分地区仍然使用旧叶钱，货币制度极为混乱。

六、私人票券的流通使用

这一时期，国内市场上还出现了清国商人发行的"同顺泰票"、韩国人为替会社发行的"广通社票"等，由于缺乏史料参考，在此无法详述。

光武5年（清德宗光绪27年，日本明治34年，即1901年），日本人在京釜线铁道工地发行了铁道票券。铁道票券起初用于支付工人工资，后逐渐在工地一带流通使用。

七、旧货币的整理

光武8年（清德宗光绪30年，日本明治37年，即1904年）2月，俄日两国断交，韩日政府于同月22日签订了《韩日议定书》。8月22日，双方签署《韩日条约》，条约规定"大韩帝国政府需聘请日本政府推荐的一名日本人担任财政顾问，韩国所有财务政策问题必须经过该人同意方可实行。"10月14日，韩日签署《财政顾问聘用契约》，日本大藏省主税局长目贺田种太郎就任财政顾问一职。此时，韩国的财政大权已经完全被日本掌握，紊乱的币制和遗留的财政问题也由日本人接管整顿。

新上任的目贺田种太郎认为改革币制是整顿财政问题、确立新经济制度和统一通货的先行条件。他建议韩国政府废除滥造白铜币的典圜局，在新造币厅完工之前将造币工作交由日本大阪造币局负责。除此之外，目贺田种太郎还向韩国政府提出设立统一全国货币的中央银行。

光武8年（清德宗光绪30年，明治37年，即1904年）11月，典

---

① 译者注：即旧韩国银行。

圜局结束运营，新货币的制造工作由大阪造币局负责。同月，货币整理方案出台。光武9年（清光绪31年，明治38年，即1905年）1月18日，韩国政府公布了勅令第2号《关于货币条例实施的文件》，内容如下：

"第一条：为了巩固本位货币，本国货币价格以金价作为参考；第二条：根据前条内容，光武5年敕令第4号货币条例①于本年6月1日起正式实施。"

由此，光武5年未能执行的勅令第4号货币条例按照原定内容开始执行。光武9年（清德宗光绪31年，明治38年，即1905年）10月，韩国政府根据勅令42号规定追加铸造了十钱和半钱。进入隆熙元年（清德宗光绪33年，明治40年，即1907年），韩国政府又以勅令第4号为依据减少了辅助货币的重量。

光武9年（清德宗光绪31年，日本明治38年，即1905年）1月18日，韩国政府公布了勅令3号《旧货币交换文件》，明确规定自同年7月1日起，新货币可以交换市场上长期流通的旧货币。4月，《货币条例实施训令》出台；随后，5月出台的《关于旧货交换的电讯》和6月出台的《新货币条例的实施和白铜币回收训令》细化了旧货币整理方案。

旧货币的整理工作本应由与金融业密不可分的中央银行负责，但由于当时国内并不存在正式的中央银行，因此旧货币的整理工作最终交由负责海关税金收纳和银行券发行业务的日本第一银行担任。事实上，日本第一银行早已占据了我国中央银行的统治地位。光武9年（清德宗光绪31年，日本明治38年，即1905年）1月31日，韩国政府和日本第一银行签订了《货币整理事务执行契约》和《国库金收取契约》，韩国政府承认日本第一银行券作为法定货币在韩国境内的流通效力，两项契约的签订标志着韩国的造币权和银行券发行权让渡给日本。此后，日本

---

① 译者注：即光武5年（清德宗光绪27年，明治34年，即1901年）阿列克谢起草的勅令第4号货币条例。

大阪造币局制造并发行了和日本货币同一规格的半圜、二十钱、十钱银币，五钱白铜币、一钱、半钱铜币等六种新式货币（光武 9 年年记），日本第一银行负责新旧货币的兑换业务。

制造：日本大阪造币局

始铸：光武 9 年（1905 年）

大小：31mm×2mm

重量：13.5g

年记：光武 9 年，10 年

图 42　半圜银货（龙纹－大型）

八、旧货币回收情况

出于长期以来对政府的不信任，百姓对于白铜币等价兑换回收的真实性产生怀疑。人们纷纷用积蓄的白铜币购买土地和商品，一时之间物价上涨，民心不安。来自日本和清国的商人趁机买断白铜币，意欲牟取暴利。为了促进旧货币回收，韩国政府加大宣传力度，回收情况有所好转。最终，大部分白铜币通过支付国库税金的方式被整理回收。另外，韩国政府委托信誉良好的商人收购白铜币作为货币整理资金，中央金库建立收购制度买入银行和企业的白铜币，度支部现金出纳官吏①开始接管税务工作。

通过各种努力，政府在光武 10 年（清德宗光绪 32 年，日本明治

_____

① 译者注：设于高宗 32 年（1895 年），国家七部之一，主管政府财务工作。

39 年，即 1906 年）年末共回收旧白铜币 26 648 万枚，票面金额达到
1 332 万余圜。此后，尽管市面上还流通着部分旧币，但随着回收工作
的不断深入，旧白铜币整理基本完成。隆熙 2 年（清德宗光绪 34 年，
明治 41 年，即 1908 年）11 月末，回收工作进入尾声，国家制定了白
铜币流通禁令（度支部公文第 16 号）。隆熙 3 年（清宣统元年，明治
42 年，即 1909 年）5 月，勅令第 58 号将同年 12 月 31 日定为白铜币的
公纳使用期。之后，白铜币失去流通效力，成为无效货币。

接下来，韩国政府又展开对叶钱、旧银钱和旧赤铜币的回收。由于
旧银钱和旧赤铜币数额较少，因此并不需要制订特别的方案，只需通过
国库收缴的方式便可逐步回收。相比之下，叶钱的回收则多少经历了一
些波折。

与白铜币不同的是，小面额的叶钱实价与通用价格所差无几，并不
会引发严重危害。由于当时的国内市场急需小额货币填补不足，故叶钱
得以保留。光武 9 年（清德宗光绪 31 年，明治 38 年，即 1905 年）7
月，为了缩减旧币流通额，韩国政府规定 1 枚叶钱以金 1 厘 5 毛的换算
率回收，回收后的叶钱不可再次发行，兑换工作于翌年 11 月正式开始。
然而，由于铜价持续上涨，时至光武 11 年（隆熙元年，清德宗光绪 33
年，明治 40 年，即 1907 年）2 月，叶钱的交换率涨至金 1 厘 8 毛 5，
同年 3 月又上涨为金 2 厘。越来越多的人开始参与兑换，叶钱的市场流
通额急剧减少。为了获取利益，部分投机者买占叶钱，钱价居高不下，
最高叫价金 2 厘 5 毛。为了稳定钱价，韩国政府一方面大力普及新币，
另一方面叫停了叶钱的市场交易。各大银行中止发行叶钱担保贷付和叶
钱汇票，叶钱的流通额锐减，钱价趋于稳定。同年年末，按照原定计
划，政府允许叶钱作为辅助货币在市场上小量流通。时至隆熙 2 年（清
德宗光绪 34 年，明治 41 年，即 1908 年）6 月，勅令公布了叶钱的法定
通用价格。

勅令第 41 号（隆熙 2 年 6 月 26 日）

第 1 条：1 枚叶钱兑换黄金 2 厘，5 枚叶钱兑换黄金 1 钱

第 2 条：叶钱具有法定货币职能，兑换最高额度为黄金 1 圆

本令于隆熙 2 年 7 月 1 日起正式施行。

光武 9 年（清德宗光绪 31 年，日本明治 38 年，即 1905 年）7 月至 10 月，韩国政府回收并熔解叶钱 4 800 余贯，大阪造币局熔解叶钱高达 10 万余贯。由于铜价昂贵，熔解后的叶钱作为铜材向海外输出。截至光武 11 年（隆熙元年，清德宗光绪 33 年，日本明治 40 年，即 1907 年）6 月，国家累计输出铜材 250 万圆。

同年 10 月末，回收后的 700 余万旧白铜币也被全部熔解出售。少量铅钱和铁钱作为金属材料分配到各地，旧货币整理工作基本完成。

旧货币整理工作历经数载，圆满结束。市场上的大部分旧货币被回收，新货币交易流通顺畅无阻。1911 年 2 月末，旧货币整理工作宣告结束。当初韩国向日本第一银行借入的 300 万圆整理资金，以及日本第一银行接管朝鲜银行业务的 438 万圆垫款统一移交至特别会计处，根据明治 44 年法律第 11 号规定，欠款通过日后韩国境内流通的日本货币制造收益进行偿还。

九、新货币制造发行情况

前文提到，韩国政府将新货币的制造工作交由日本大阪造币局负责。光武 9 年（清德宗光绪 31 年，日本明治 38 年，即 1905 年）4 月，大阪造币局向旧典圜局借入铸币制造机（大伸延机 3 台，剪断机 2 台，造橡机 3 台，大冲印机 3 台，中冲印机 4 台，冲印机 6 台，傅动齿车以及车抽 1 式。上述机器附属品各 1 式），根据日本第一银行指示，从事新货币的生产制造工作。

由于本位金币从未在韩国市场上流通，且银行券兑换准备已由日本银行券充当，因此金币的制造不在日本政府最初计划之内。然而，随着经济贸易的活跃，金币开始发挥作用。根据市场需求，大阪造币局在光武 10 年 10 月生产了 20 圆金币 50 000 圆（25 00 枚）和 10 圆金币 50 000 圆（5 000 枚）。此后，金币持续生产，截至隆熙 3 年（清宣统元年，日本明治 42 年，即 1909 年）11 月，大阪造币局共生产金币

1 450 000圜。相反，在货币整理工作中发挥了重要作用的辅助货币，自光武9年（清德宗光绪31年，日本明治38年，即1905年）5月开始进行大规模生产，各货币制造额见表1。

表1 单位：圜

区分	面额 \ 年份	光武9年	光武10年	隆熙元年	隆熙2年	隆熙3年	计
本位货币	20圆金币	0	50 000	0	800 000	500 000	1 350 000
	10圆金币	0	50 000	0	0		50 000
	5圆金币	0	0	0	50 000		50 000
	小计	0	100 000		850 000	500 000	1 450 000
辅助货币	半圆银币	30 000	600 000	500 000	500 000	200 000	2 100 000
	20钱银币	200 000	500 000	300 000	600 000	400 000	2 000 000
	10钱银币	0	200 000	240 000	630 000	0	1 070 000
	5钱白铜币	897 000	103 000	800 000	0	200 000	2 000 000
	1钱青铜币	0	118 000	112 000	68 000	92 000	390 000
	半钱青铜	0	120 000	4 000	105 000	41 000	270 000
	小计	1 397 000	1 641 000	1 956 000	1 903 000	933 000	7 830 000
合计			1 741 000	2 456 000	2 753 000	1 433 000	9 280 000

制造：日本大阪造币局

始铸：光武10年（1906年）

重量：16.5g

年记：光武10年，隆熙2年，3年

图43-1 贰拾圆金货

制造：日本大阪造币局

始铸：光武 10 年（1906 年）

重量：8.5g

年记：光武 10 年

图 43 - 2　拾圆金货

新生产的 145 万圆本位金币除去分配到全国各地金库的样本之外，其余全部作为银行券发行现金准备，由日本第一银行发行部保管。相比之下，辅助货币的发行则更为慎重，具体发行额见表 2。

表 2　　　　　　　　　　　　　　　　　　　　　　　　　　　　　单位：圆

年别　面额	半圆	20 钱	10 钱	5 钱	1 钱	半钱	计
光武 9 年末	150 700	98 720	0	118 260	0	0	367 680
光武 10 年末	713 057^{50}	304 310	54 000	952 600^{75}	15 725	2 350	2 042 043^{25}
隆熙元年末	998 000	876 000	416 000	1 510 500	134 725	69 450	4 004 675
隆熙 2 年末	758 500	846 000	427 000	981 250	133 725	62 050	3 208 525
隆熙 3 年 11 月	834 500	1 223 000	981 000	760 550	224 960	72 400	4 096 410

光武 11 年（清德宗光绪 33 年，日本明治 40 年，即 1907 年），日本货币重量减少，韩国同规格货币也有所缩减。同年，光武 11 年年记货币发行上市。

同年 7 月，由于伪造日本第一银行券之风盛行，日本政府又发行了三种样式精美且仿造难度较高的新日本第一银行券，新银行券的年末发新额度见表 3。

表3 单位：圜

面额 年别	10 圜券	5 圜券	1 圜券	50 钱券	20 钱券	10 钱券	计
光武 9 年末	4 326 680	2 119 820	810 801	463 003^{50}	184 563^{20}	220 399^{60}	8 125 267^{30}
光武 10 年末	4 795 000	2 142 500	1 829 500	179 250	114 900	163 250	9 224 400
隆熙元年末	5 525 000	3 857 500	3 368 500	17 950	14 800	21 550	12 805 300
隆熙 2 年末	4 338 900	2 646 800	3 383 800	4 300	4 600	7 500	10 385 900
隆熙 3 年 11 月	4 504 100	2 475 815	4 840 589	3 097	3 493^{40}	6 051^{40}	11 833 127^{80}

十、旧韩国银行的设立

日本第一银行在大韩帝国和日本政府的共同监督下发行银行券，承担着整理国内货币、管理国库金出纳等重要职能。在日方的管理下，韩国的经济逐渐好转，建立自主统一的国家金融机构中央银行的条件也日趋成熟。隆熙 3 年（清宣统元年，明治 42 年，即 1909 年）6 月，韩日政府交换了《关于日本第一银行权利义务继承意见书》，双方就细节问题进行商议。7 月 26 日，韩日政府正式签署《韩国银行设立协议》，协议第一条规定，"大韩帝国政府设立的韩国银行①具有银行券兑换发行权，韩国银行负责韩国中央金融机构业务。必要之时，韩国银行可接受日本银行的委托处置日本国库金。"协议第二条规定，"各株式会社需将日本第一银行发行的银行券视为韩国银行发行银行券，韩国银行继承日本第一银行相关业务。"同日，韩国银行条例公布，日本政府负责韩国银行设立事务。8 月 17 日，设立委员任命；9 月 6 日，银行株式会社进入公募阶段；10 月 29 日，创立总会召开；11 月 10 日，韩国银行正式成立。

随着韩国银行的设立，11 月 20 日，日本第一银行开始移交银行券发行业务、国库金出纳事务、货币整理工作等。移交当日，日本第一银行券发行额达到 11 833 127 圜 80 钱。其中，发行额三分之一（3 944 376 圜）作为现金结算，其余三分之二（7 888 751 圜 80 钱）作为韩国银行

---

① 译者注：此处为"旧韩国银行"。

向日本第一银行提供的担保贷款。贷款从隆熙 3 年（清宣统元年，明治 42 年，即 1909 年）12 月起计算，此后 20 年内日方每年分期偿还（无利息）。

同年 11 月 21 日，韩国银行正式取代日本第一银行，开始发行银行券，银行券的样式与种类需获得政府批准后方可印制发行，韩国银行券可以与金币及日本银行券进行兑换。发行总额方面，兑换准备保有同额的金币、银币（银币不得超过准备总额的四分之一）和日本银行券。除兑换准备之外，银行可以特别发行 2 000 万圆额度的包含国债证券的其他证券和商业支票。此外，根据市场情况，韩国银行在必要时经政府同意可增发保证准备限额以外的银行券，此类情况每年需缴纳不低于百分之五的发行税。

十一、旧韩国银行券的发行

韩国银行在成立初期，由于时间仓促，暂且将日本第一银行未发行的银行券作为韩国银行新券发行流通。隆熙 3 年（清宣统元年，明治 42 年，即 1909 年）11 月 10 日，度支部大臣发布银行券使用告示（告示第 18 号）。隆熙 4 年（清宣统 2 年，日本明治 43 年，即 1910 年）12 月，新 1 圆券的生产工作结束，新券于同月面市；隆熙 5 年（清宣统 3 年，日本明治 44 年，即 1911 年）8 月，新 5 圆券和 10 圆券发行。然而，不久后的韩日合邦①使得朝鲜银行法于同月 15 日开始生效，随着韩国银行改名为朝鲜银行，印制的新银行券再次进行全面改版。各时期末韩国银行接管和发行的银行券情况如下：

单位：圆

年份	券种别					准备别			流通额
	10 圆券	5 圆券	1 圆券	小额券	计	金币	日本银行券	保证	
隆熙 3.12 末	5 592 000	3 015 500	4 819 600	12 600	13 439 700	1 521 500	3 525 000	8 393 200	12 538 230

---

① 译者注：1910 年，日本废除大韩帝国，设立朝鲜总督府，开始长达 35 年的殖民统治。

续表

年份	券种别					准备别			流通额
	10 圆券	5 圆券	1 圆券	小额券	计	金币	日本银行券	保证	
隆熙 4.6 末	5 224 000	3 010 500	5 008 200	12 300	13 255 000	2 021 500	3 415 000	7 818 500	12 597 246
隆熙 4. 12 末	8 461 000	3 986 500	7 704 500	11 900	20 163 900	2 022 750	5 003 000	13 138 150	16 546 393
明治 44.6 末	9 566 000	4 124 500	8 344 900	11 600	22 047 000	1 981 000	5 853 000	14 213 000	20 180 256

发行日期：1911 年 8 月 1 日

图 44 旧韩国银行拾圆券

第四章　高宗末年和旧韩国时代的货币

参考文献：

[1] 李太王编，《日省录》。

[2]《承政院日记·光绪 9 年以后编》。

[3] 李太王编，《议政府（备边司）赠录》。

[4] 柳子厚，《朝鲜货币考》，1940。

[5]《大韩国货币整理事务经过报告·光武 11 年 1 月》。

[6]《典圜局铸造总名簿》。

[7] JAPANESE COINAGE, BY NORMAN JACOBS & CORNELIOS, C. VERMEVLE, 1953.

[8] THE COINS OF KOREA, BY ALAN D. CRIGE 1955.

[9] 东洋货币协会编，《货币》（杂志）。

[10] FAR EASR NUMISMATIC DIGEST , 1957.

[11] 大桥义春，《日本纸币大系图鉴》，1957。

[12] GOLD COINS OF THE WORLD BY ROBERT FRIED BERG, 1958.

[13] 震檀学会编，《韩国史》，1959。

[14]《文献备考》（卷一百五十九·财用考）。

[15] 日本造币局编，《造币局八十年史》，1953。

[16] 日本大藏省发行，《明治大正财政史》（第 13 卷·昭和 34 年 11 月 25 日）。

第五章
日本统治时期的货币

第一节　朝鲜银行的设立

　　隆熙 4 年（日本明治 43 年，即 1910 年）8 月 29 日，韩日合邦，作为国家中央银行的韩国银行①再次组建，成为朝鲜总督管辖下的朝鲜中央银行。1911 年（清宣统 3 年，日本明治 44 年，即 1911 年）3 月 29 日，第 48 号朝鲜银行法公布，韩国银行改名为朝鲜银行，银行设立日为韩国银行之设立日（参照第 43 条）。此前，韩国银行发行的韩国银行券和日本第一银行券流通效力不变（参照第 45 条）。发行制度方面，除了保证准备的发行限额增加 2 000 万圆以外，其他内容不变。

　　朝鲜银行法出台后，于 1918 年（日本大正 7 年）4 月（法律第 28 号）和 1924 年（日本大正 13 年）7 月（法律第 28 号）经历了两次修改。第一次修改将银行券保证准备发行制限额由 3 000 万圆扩大至 5 000 万圆；第二次修改将朝鲜银行的监督权从朝鲜总督移交至大藏大臣，银行券发行使用规定也进行调整。之所以扩充保证准备发行制限额，是国

---

　　① 译者注：此处应为"旧韩国银行"。

内人口数量和银行法出台时期相比，已明显增长，产业、贸易、金融等领域也有了显著的发展。不仅如此，朝鲜银行的营业范围还扩大至满洲、蒙古地区，即曾经由日本横滨正金银行负责的满洲金券发行业务和国库金管理工作于 1917 年（日本大正 6 年）年末被朝鲜银行正式接管。朝鲜银行券在关东州以及南满州铁道一带流通畅行无阻，与法定货币无异（日本大正 6 年 11 月，勅令第 217 号 12 月 1 日开始实施）。后期，随着日本侵略的扩张，朝鲜银行券在满洲、西伯利亚甚至中国内陆地区也开始流通使用。

第二节　发行情况

一、发行券种类

朝鲜银行券共有四种，即 1 圆、5 圆、10 圆和 100 圆券。此前旧韩国银行发行的 1 圆、5 圆、10 圆券和日本第一银行发行的 1 圆、5 圆、10 圆券以及 10 钱、20 钱、50 钱 3 种小额券同样具有流通效力。由于小额券为临时发行货币，且经历过全面的回收和整理，因此，在旧韩国银行接管日本第一银行业务时仅剩余 12 600 圆。此后，国家继续回收整理小额券，并在 1911 年（日本明治 44 年）3 月出台了翌年 3 月 31 日全面禁用小额券的第 89 号公告。朝鲜银行在成立初期，由于没有充足时间印制新券，因此只能暂时采用旧韩国银行发行的银行券，新券的制造工作由朝鲜总督府印刷局负责。1914 年（日本大正 3 年）9 月，朝鲜银行首发记名 100 圆券；1915 年（日本大正 4 年）1 月，新 1 圆券上市；同年 11 月，新 5 圆券和 10 圆券上市。新银行券种类齐全，数量充足，逐渐取代旧银行券。进入 1921 年（日本大正 10 年），国内市场上几乎再无旧券。

1932 年（日本昭和 7 年），朝鲜银行券进行了改版，新发行了改 1 圆、改 5 圆、改 10 圆和改 100 圆券。1935 年（日本昭和 10 年），由凹版印刷改为平版印刷的甲 10 圆券发行；1938 年（日本昭和 13 年），甲

5 圆券发行；1944 年（日本昭和 19 年），甲 1 圆券和甲 100 圆券发行。

制造：朝鲜总督府印刷局

发行：1914 年 9 月 1 日

图 45　朝鲜银行百圆券

1945 年（日本昭和 20 年）初，为了应对发行额膨胀，朝鲜银行印刷了千元券，但未能上市。

二、流通票券发行

1917 年（日本大正 6 年）9 月，为了填补市场辅助货币的空白，朝鲜银行发行了 10 钱、20 钱、50 钱三种流通票券。然而，随着日本辅助货币和小额纸币的流入，流通票券逐渐失去其必要性。1918 年（日本大正 7 年）5 月，朝鲜银行开始回收流通票券。

另外，由于满洲货币不足，朝鲜银行满洲支行于 1915 年（日本大正 4 年）6 月 12 日以后发行了三种流通票券。

以上两种流通票券均为国家应对特殊情况而发行的临时货币，后者从未在国内市场流通。

三、发行情况

朝鲜银行券的发行和流通情况大致如下：1911 年（日本明治 44 年）和 1912 年（日本大正元年），发行总额达 25 000 000 圆；此后三年，发行额呈现一增一减趋势；1915 年（日本大正 4 年）末，发行额增至 34 000 000 圆，此后发行额持续增加；1916 年（日本大正 5 年）下半年，发行额达 46 000 000 圆；1917 年（日本大正 6 年）末，发行额达 67 000 000 圆；1918 年（日本大正 7 年），发行额成倍增长，高达 115 500 000 圆；1919 年（日本大正 8 年）上半期的发行额虽然有所缩减，但期末再次增加至 127 000 000 圆（其中，限制外发行 18 300 000 圆）。进入下半期，发行额居高不下。银行券发行额的膨胀与社会经济的发展和日本人大举进入韩国息息相关，但归根结底，是由日本对中国的全面侵略所致。

1940 年（日本昭和 15 年），日本国内外形势极度恶化。1941 年（日本昭和 16 年）3 月，朝鲜银行出台临时特例，调整了最高发行额度。特例废止了现金准备发行制度和证券保证准备发行制度（实际上在同年 4 月，政府规定仅保留三分之一的现金准备，而 1943 年的部分现金准备于 1944 年全部由国债代替）。银行券的发行限度根据政府的财政金融政策制定，并基于通货膨胀等因素进行调整。

1931 年（日本昭和 6 年），日本停止了金的兑换，作为朝鲜银行券兑换准备的日本银行券成为不可兑换纸币。由于朝鲜银行其余现金准备均由国债代替，因此朝鲜银行券同样成为不可兑换纸币。现金准备发行制度实际上已变成了完全的管理发行制度。

综上所述，朝鲜银行券具备了充当现金准备的日本银行兑换券（后变更为日本银行券），甚至是日本银行发行准备金的特点。《韩国银行条例》发布以后，作为殖民地中央银行的朝鲜银行发券准备中也包含了日本银行兑换券。这是日本对朝鲜半岛进行经济侵略的铁证，在帝国主义资本发展过程中不乏案例。

第六章
解放以后的货币

第一节 美军统治时期

一、发行情况

1945 年（日本昭和 20 年）8 月 15 日，随着联合国的胜利，朝鲜半岛摆脱了日本的殖民统治，南部地区开始接受进驻美军的军政管理[1]。同年 11 月 2 日，根据军政法令第 21 号《法律的存继》规定，朝鲜银行法得以保留。

朝鲜银行券在国内继续流通使用，太平洋地区美军最高司令官宣布占领军补助军票"A"印圆券具有法定货币职能，同时废除了日本军票的流通效力。根据美军政法令第 57 号和第 59 号的规定，政府[2]开始回收日本银行券和台湾银行券。但依据同法令 95 号规定，"A"印圆券被再次回收。实际上，"A"印圆券几乎从未在市面出现过，朝鲜银行券仍然是国内市场上流通和使用的唯一法定货币。

解放初期，日本故意增发大量债券。同时，军政费用的巨额支出和

---

[1] 译者注：1945 年日本投降，以北纬 38 度线（三八线）为界，分别由苏联红军和美国陆军接收。三八线以南成立了美国军政厅，以北则由苏联军事政府统治。

[2] 译者注：此处为韩国过渡政府。

战后经济秩序的混乱导致朝鲜银行券的发行额由 8.15 时期①的 49 亿圆激增至年末的 87 亿圆。此后四年间，发行额不断上涨，1949 年末累增至 751 亿圆。银行券超额发行的主要原因是政府发行税的免除和政府贷款充当发行准备的政策。事实上，直到 1949 年 8 月，韩国政府才偿还了日本银行券日系公社债务，并通过缩减国债充当额等方式整理准备内容。另外，在 1945 年 9 月末，韩国政府虽然制定了 500 亿圆的最高发行限度，但在发行制度方面，仍遵循 1941 年的《朝鲜银行法临时特例》推行形式上的无准备制度。尽管计划战后 1 年内废除该特例，但始终无法实现。政府采取管理发行制度下的最高发行额限制制度。

　　解放后的通货膨胀导致朝鲜银行券的中心券种由过去的低额券转变为 100 圆券。1945 年 9 月，日本投降，银行券的印刷工作开始由朝鲜书籍印刷株式会社负责。

发行日期：1945 年 9 月 1 日

---

① 译者注：即 1945 年 8 月 15 日，韩国称其为"光复日"。

图 46　朝鲜银行乙百圆券

二、发行券的种类

1945 年 9 月，朝鲜银行发行了乙百圆朝鲜银行券。此后的 8 个月，又相继发行了乙 1 圆券、甲 10 圆券（无番号）、乙 5 圆券（无番号）、乙 10 圆券、丙 100 圆券等。

第二节　独立以后

1948 年 8 月 15 日，大韩民国政府宣告成立[①]，国内经济秩序开始恢复。1949 年 8 月，政府公布了银行最高发行限度；同年 9 月，新样式的朝鲜银行新 10 圆券和新 5 圆券面市；同年 11 月，50 钱、10 钱、5 钱等小额券流入市场。随着新货币的出现，旧货币的整顿工作也悄然开始。

---

① 译者注：1948 年 8 月 15 日，大韩民国政府正式成立；同年 9 月，苏联势力范围内的朝鲜民主主义人民共和国成立。

发行日期 1949 年 9 月 1 日

图 47　朝鲜银行新拾圆券

一、韩国银行的设立

8·15[1] 解放后，朝鲜银行在 1947 年 4 月以《中央银行设立大纲》

---

① 译者注：即 1945 年 8 月 15 日。

为基础，研究并发布了一系列关于设立中央银行的计划。以此为契机，韩国过渡政府于 1948 年 3 月在财务部内部设置了金融法规调查委员会，负责中央银行法案的起草工作。

金融法规调查委员会仅拟定了《金融法规草案》。1948 年 8 月 15 日，该委员会在大韩民国政府成立同时解体。

随后不久，朝鲜银行设置了内部特命调查委员会，负责调查研究各国中央银行制度，以为日后起草中央银行法案做准备。1948 年末，特命调查委员会将拟定的中央银行法案递交至政府、国会、ECA① 等重要机构。政府在财务部内部专门设置了财政金融委员会，负责审理该法案，并以此为基础作出政府案。1949 年初，政府案得到了财务部的通过。

然而，和执行法案相比，当时的韩国政府认为获得国际金融权威机构的认可和支持更为重要。因此，在 1949 年 6 月，韩国政府邀请了美国中央银行机构下属联邦准备制度理事会纽约联邦准备银行金融理论权威专家布龙菲尔德②博士和该行监察系次长简森③来韩考察。同年 9 月初，二人抵达韩国。此后五个月里，他们通过财务部、朝鲜银行和 ECA 当局的协助，研究了我国金融制度的沿革和基本经济状况，并参考之前拟定的中央银行法案和政府案，于 1950 年 2 月 4 日完成了韩国银行法案的起草工作，二人与驻韩 ECA 使节团长联名将法案递交至韩国政府。

此后，韩国银行法案经历了财务部财政金融委员会的一次修订和由财务部、法制处、朝鲜银行组成特命委员会的二次修订。1950 年 3 月 14 日，国务会议对法案进行审核并于 3 月 18 日公布审核结果。3 月 20 日，韩国银行法案按照审核结果进行部分调整。4 月 18 日，法案正式

---

① 译者注：Economic Cooperation Administration，第二次世界大战后美国的对外援助机构。

② 译者注：A. I. Bloomfield，此处为音译。

③ 译者注：J. P. Jensen，此处为音译。

上呈国会本会议。在经过了 4 月 18 日和 4 月 21 日的深入探讨后，韩国银行法案最终通过审核。5 月 5 日，法案正式出台。

韩国银行法出台后的 5 月 11 日，根据此法第 103 条，国家公布了第 350 号大统领令《关于韩国银行设立的文件》设立委员会，委员于当日就任并成立委员会事务局。5 月 23 日，国家公布了第 359 号大统领令《韩国银行法实施令》。同月 27 日，国家公布大法院规则第 1 号《韩国银行登记使用规则》。

根据《韩国银行法施行令》，新组建的韩国银行设立委员会先后召开 4 次会议，商讨银行成立事宜。6 月 5 日，第一次货币委员会议召开，会议制定了银行存款规则。6 月 6 日，政府依据韩国银行法完成了资本金的出资和存款的支付，银行设立条件基本具备。6 月 7 日、9 日，第二次、第三次货币委员会议召开，会议制定了银行业务办理程序的相关规则。1950 年 6 月 12 日，韩国银行正式对外营业。同日，韩国银行接管了朝鲜银行的发行负债以及财务部长官与朝鲜银行总裁间协定的部分资产负债。然而，不久之后爆发的 "6·25 战争"① 迫使韩国政府改变计划向釜山转移。

二、发券制度

韩国银行独揽货币发行权，在获得韩国政府和货币委员会批准后可自由制定发券种类并设计银行券的规格及样式。韩国政府在发行准备和发行限度方面并未作出特别规定，仅通过综合的资金需给计划调节通货的方式来达到稳定财政金融市场的目的。这一时期，银行的发券制度以近代通货理论为基础，采取完全的管理通货制。

韩国银行成立初期，接管了朝鲜银行的 100 圆、10 圆、5 圆、1 圆银行券和 50 钱、20 钱、10 钱、5 钱、1 钱小额纸币以及日本政府发行的小额辅助货币。根据韩国银行法相关规定，这些货币被视为韩国银行发行货币，在国内市场上具备流通效力。

---

① 译者注：即 1950 年 6 月 25 日至 1953 年 7 月 27 日的朝鲜战争。

三、第一次货币改革

1950 年 8 月 17 日，釜山率先发行了韩国银行记名的 1 000 圆和 100 圆券。其中，新 100 圆券可以与市场上流通的旧 100 圆券进行兑换。

发行日期：1950 年 8 月 17 日

图 48　韩国银行百圆券

新旧券的兑换标志着第一次货币改革正式开始，即通过排除敌对势力通货和废弃旧朝鲜银行券等手段达到重新整合币制的目的。"6·25战争"中，朝鲜在占领地区强制流通傀儡人民银行券，发行"A"记号朝鲜银行千元券和"48A"记号的朝鲜银行百元券，扰乱经济秩序。不仅如此，朝鲜军队还将掠夺的银行券作为工作资金投入战区，严重破坏了战区的经济秩序。1950 年 8 月 26 日，韩国政府发布了第十号大统领紧急令《朝鲜银行券流通和交换文件》。此后三年，韩国政府先后五次开展了朝鲜银行券的整理工作。1953 年 1 月 16 日，全国范围内的第一次货币改革工作基本完成。

未发行券（朝鲜发行）

图49　朝鲜银行新千圆券

第一次货币改革旨在排除朝鲜通货该措施包含了第 1 回战区货币的交换和第 2 回汉城、京畿道、江原道的新旧银行券无限制等价交换。

然而，第 2 回交换工作结束后，为了稳定市场浮动购买力、消除因经济滞涨引发的国民生活危机，政府开始限制新旧券的交换额度。每户家庭最多可兑换 2 万圆新券，超出额度需要向金融机构进行申报预约。

另外，在第 1 回和第 2 回新旧券交换过程中，由于朝鲜银行券尚未丧失流通效力，使用情况颇为活跃。然而，随着同年 11 月 11 日第 3 回货币交换工作的开始，韩国境内全面停止了朝鲜银行券的流通。

另外，在"6·25 战争"中，由于负责生产韩国银行券的朝鲜书籍印刷株式会社遭到严重破坏，故新 1 000 圆券和 100 圆券的制造工作由日本政府印刷厅暂时接管。

根据政府指示，韩国银行协助财务部完成了银行券印刷工厂的准备工作。1951 年 10 月，随着韩国造币公社法出台，韩国造币公社①釜山印刷工厂正式投入生产。印刷厂以日本生产的原版货币为模板，继续制造 1 000 圆券和 100 圆券。

此后，韩国银行券的生产工作由韩国造币公社统一负责。1952 年 10 月，为了方便交易，韩国银行发行了印有新图案的新 1 000 圆券和 100 圆券，新券与旧券可同时使用。不久之后，国内市场上的大部分货币被韩国银行券取代，而在已发行的银行券当中，除了朝鲜银行 100 圆券以外，其余货币的流通效力不变。

四、第二次货币改革

1953 年 2 月 15 日，韩国开展了第二次货币改革。

"8·15"后，持续累积的恶性通货膨胀和"6·25 战争"带来的消极影响给国家的生产活动造成了巨大的破坏。为了支付巨额军费，韩国政府不得不增发货币。经济滞涨不仅没有在第一次货币改革中得到解决，反而愈发严重。1953 年，各国为了签署休战协议纷纷采取积极行动，我国停止向国联军提供圆券借款，并偿还了所有美元贷款。联合国朝鲜重

---

① 译者注：1951 年 10 月 1 日，韩国造币公社成立。

建机构（UNKRA）复兴计划开始运行，以美国为首的自由友邦展开经济援助。韩国政府以此为契机，在 1953 年 2 月展开了第二次紧急货币改革和金融措施，旨在抑制过剩购买力，巩固财政金融和产业活动基础。

和第一次货币改革有所不同，第二次紧急货币改革和金融措施的最终目的是稳定通货，核心手段是对货币单位进行贬值。此外，金融措施还具备吸收过剩购买力、回收滞纳税金和延迟发放贷款等作用。

第二次实施货币改革和金融措施依照 1953 年 2 月 15 日大统领紧急命令第 13 号和同月 27 日的紧急金融措施法实施。

根据规定，"圆"券自 2 月 15 日起停止流通，国内所有交易和金钱债务均以 100:1 的比率进行贬值，货币单位变更为"圜"。自然人和法人需在 2 月 25 日以前将所持圆券以及 2 月 14 日以前对金融机构的全部债权债务进行存入和申报。措施实行期间，每人限额兑换 500 圜生活费，除此之外银行禁止一切圆券存款的支取。另外，政府在 2 月 27 日公布施行了紧急金融措施法，不仅要求自然人和法人将包含全部现金、账簿金额、金钱契约的圆券兑换为圜券，还需将各类存款按照一定的递减率折价冻结。紧急金融措施法旨在封锁过剩购买力以巩固国民经济基础。

发行日期：1953 年 2 月 17 日

图 50　壹圓券

紧急货币改革的实施情况大致如下：措施实施前日（2 月 14 日），旧券收入总额占货币发行额（11 367 亿圆）的 97%（11 065 亿圆），提示付款收入额 1 198 亿圆，共计 12 263 亿圆。金融措施方面，同措施对象金额（89 亿圆）中的 75.2%（67 亿圆）转换为浮动汇率，剩余的 22 亿圆除去滞纳税金罚款和延迟付款处罚，其余金额均转换为固定汇率。

由于与封锁 30 亿圆的最初目标相差甚远，金融通货委员会开始对金融机关融资采取事前承认制。作为附加规则和事后措施，金融通货委员会努力抑制通货量的追加供给。对外方面，国家积极促进国联军贷款的回收和紧急物资的导入。

仅仅半月时间，高达 11 367 亿圆的银行券发行额在 2 月末缩减到 76.51 亿圆。

第二次实施货币改革期间，国家共发行了 1 圆、5 圆、10 圆、100 圆以及 1 000 圆券五种新银行券，新券在美国生产后输送国内，并于 1953 年 2 月 17 日发行上市。同年 3 月 17 日，韩国造币公社生产的新 10 圆券（黄色纸）上市；同年 12 月 15 日，同样式白色纸新 10 圆券上市。12 月 18 日，新 100 圆券（黄色纸）上市；1954 年，白色纸新 100 圆券上市。

1956 年 3 月 26 日，国家同时发行了改 100 圜券、新版 500 圜券，新 1 000 圜券三种新券；1958 年 8 月 15 日，新 50 圜券和新 500 圜券上市。

发行日期：1953 年 3 月 17 日

图 51 - 1　新拾圜券（黄色纸）

发行日期：1958 年 8 月 15 日

图 51 - 2 新五百圜券

长期以来，韩国银行券在交易过程中多有不便，且纸币破旧污损，严重影响作为国家通货的尊严性。1953 年 7 月，随着休战协议的签署和政府还都之后美国经济本土化的援助，大量物资进入韩国，国内经济形势趋于稳定。1955 年 5 月 15 日，韩国实行 500 圜韩券兑换 1 美元的单一官方兑换率。财政金融方面，受紧急政策的强力影响，经济滞胀的压力逐渐钝化。1956 年，国内经济呈现安定局面；1959 年，韩国不仅实现了解放后的第一次物价稳定，且产业活动呈现健康发展态势，各部门生产业绩均超过 "6·25 战争" 之前，基础产业更是实现了飞跃的发展。在此环境下，通货信用度大幅度提升，国家再次具备了发行铸币的基本条件。

1959 年 10 月，国内经济形势良好，物价稳定。为了维护货币尊严、方便小额交易，政府开始发行铸币。此举标志着韩国的币制进一步向正常化迈进。

1959 年，韩国从美国费城造币厅引入钱币原料，并在同年 10 月 20 日发行了 10 圜赤铜币和 50 圜白铜币。同月 30 日，100 圜白铜币发行。1910 年后铸币的首次发行，极大地鼓舞了民心，对于安定经济起到了积极作用。国家计划开展的币制整顿工作更是备受期待，曾经破旧不堪的小额流通货币有望得到净化。

制造：美国费城造币厅

直径：22.86mm

重量：3.693g

厚度：1.27mm

材料：铜70% 亚铅18% 镍12%

年记：4292 年（1959 年）4294 年（1961 年）

发行日期：1962 年 10 月 20 日

图52　韩国银行铸货——50 圜货

然而，令人意外的是，1962 年 6 月 9 日进行的第三次货币改革几乎剥夺了圜券的流通效力。

1960 年 4 月 19 日，自由党政权在"4·19 革命"① 中失守；同年 8 月 15 日，印有李承晚大统领肖像的新 1 000 圜券被印有世宗大王肖像的改 1 000 圜券取代。1961 年 4 月 19 日，世宗大王肖像改 500 圜券发行。1962 年 5 月 16 日，即"5·16 革命"② 后的第二年，国家又发行了印有"储蓄勤奖"图案的改甲 100 圜券。

---

① 译者注：由韩国中学、大学生和劳工领导的学生运动，推翻了李承晚政权。

② 译者注：朴正熙发动的军事政变。

发行日期：1960 年 8 月 15 日

图 53 - 1　改千圓券

发行日期：1962 年 5 月 16 日

图 53 − 2 改甲百圜券

五、第三次货币改革

"5·16 革命"结束后的第二年，革命政府①为了摆脱落后状态，重点发展化工业和动力产业。同时，为了提高产业生产效率，均衡经济发展，政府制定了经济发展五年计划，该计划的核心在于解决资金的调度问题。1961 年，革命政府在经济政策指导下破例大量追加供给通货，实行积极财政措施并超额买入外汇。在此期间，流动购买力成为刺激物价的主要因素。1962 年 6 月 10 日，革命政府展开了第三次货币改革，旨在整治旧政权经济腐败，将隐性储蓄资金进行重组并动员开发经济发展五年计划的投资资源。第三次货币改革同样为了防止自 1961 年夏天以来受通货增发和物价上涨等因素而引起的恶性经济滞胀。

第三次货币改革依据 1962 年 6 月 9 日公布的紧急通货措施法和 6 月 16 日公布的紧急金融措施法实施。货币改革方面，6 月 10 日起，政府全面禁止了旧圜券的流通交易，旧券标价降至原来的 1/10。一切自然人，法人和团体名下的旧银行券和提示付款项需在 6 月 17 日前存入金融机构。

紧急金融措施方面，政府从 6 月 18 日起将动产、不动产、债券、

———————

① 译者注：以朴正熙为首的军事政权。

债务、契约等所有用圜券表示的金额单位一律变更为用"원"（元）表示。旧券存款和固有存款按照一定的累增率进行封锁冻结。在紧急货币改革方面，国家依照 6 月 9 日的紧急货币改革法和当日财务部公布的《紧急货币改革法金融机构事务使用规程》，指定旧券存入机构并开展新券发行工作。紧急通货措施法公布之前，由政府指导韩国银行和金融机构完成各项准备工作；法令公布之后，军方正式接管新银行券的管理工作。

6 月 10 日至 12 日，全国各地对旧券、支票等圜券进行申报登记，旧券存储工作一直持续到 6 月 17 日。

货币改革实行一周过后的 6 月 16 日，国家依据通货措施法又公布了紧急金融措施法和施行令，将存储的旧券、支票等进行部分封锁。6 月 18 日，相关工作正式开始。

此后，封锁方针有所缓和，包含紧急融资措施在内的事后措施和附加措施相继执行。7 月 13 日，《依照紧急金融措施法的封锁存款特别措施法》出台，以此为依据，存款封锁全面解除。

第三次实施货币改革期间，金融机关存入包含实有现金的旧券和提示付款项金额共计 1 873 亿圜。其中，旧券 1 582 亿圜，占总额的 84.4%，其余 15.6% 为提示付款项。1 582 亿圜存入旧券占 6 月 9 日旧券发行额（1 653 亿圜）的 95.7%。截至 6 月 17 日，4.3% 的旧券仍然处于未收回的状态。

旧券存款和原有存款在充当滞纳税金、地方税金、罚款之后，其余部分按照一定比例进行部分封锁，封锁总额在 6 月 23 日达到 98 亿圜。6 月 30 日，随着储蓄性存款和外国人、非常住韩国人的封锁存款解除，封锁总额相应减少。7 月 13 日出台的《依照紧急金融措施法的封锁存款特别措施法》中规定，封锁总额的三分之一转换为活期存款，其余三分之二以 1 年为期转换为定期存款。

在此期间，如持有人放弃特别定期存款所定利率（每年 15%）并要求中途解约，可以随时支取存款，这意味着封锁已全额解除。

六、现用货币

新원（元）券由 500 元，100 元，50 元，10 元，5 元，1 元 6 种货币组成，由英国德纳罗印钞公司（Thomas De La Rue）秘密制造后输入国内。根据紧急货币改革法第 3 条和第 26 条规定，1962 年 7 月 10 日以前，票面 50 圜以下的旧券可与对应票面价值十分之一的新원（元）券同价使用。7 月 11 日至 8 月 27 日，旧圜券失去流通效力。8 月 28 日，铸币流通临时措置法恢复了新원（元）券生产以前旧圜券的临时流通效力。

制造：英国 Thomas De La Rue 公司

发行日期：1962 年 6 月 10 日

大小：156mm×66mm

其他：现用银行券

图 54　韩国银行 500 원券

考虑到货币增发和损券交换等因素，为了补充银行券，政府于 1962 年 9 月 2 日发行了韩国造币公社生产的新 10 元券。11 月 1 日，新 100 元券面市；12 月 1 日，易于小额交易的新 50 钱和 10 钱面市。

大小：140mm×63mm

发行日期：1962 年 9 月 2 日

其他：现用银行券

图 55　韩国银行新 10 원券 制造 韩国造币公社

由于此前国内生产的银行券大多采用平版印刷技术，因此在质量方面和外国货币存在较大差距。不仅如此，简易的生产方式极易被仿造，市场上一度假币频繁。对此，韩国造币公社不断改进生产技术，运用当时最先进的凹版印刷方式，在 1965 年 8 月 14 日生产出首批印有世宗大王肖像的改 100 元券。1966 年 8 月 16 日，又运用凹版印刷技术生产出新 500 元券。此后，银行券质量有所好转。为了取代具有临时流通效力的旧 50 圜和 10 圜券，同年 8 月 16 日，政府又印制发行了 1 元、5 元和 10 元券。新券由韩国造币公社引进的新式设备生产而成，所需铜、亚铅等材料均实现自给自足。

大小：156mm×66mm

发行日期：1965 年 8 月 14 日

图 56 改 100 원券

　　受河川流域的滋养，朝鲜半岛土地肥沃，物产丰富。但自古以来，百姓缺乏竞争意识，从而导致了产业的相对落后。不仅如此，历朝历代轻视工商业的传统思想严重阻碍了交通业的发展，在萧条的大环境下，货币经济始终无法茁壮成长。

　　综上所述，韩国的货币始于高丽中叶流入的中国货币，此后历经了千年岁月洗礼，不断发展变迁。

　　韩国与中国地理相近、文化相通，李朝末期前，国家受中国影响使用叶钱。高宗时期开始，随着和西方国家的交往日益频繁，国家开始发行西欧货币，并尝试币制改革。但是，随着日本的殖民侵略，改革计划宣告破产。

　　第二次世界大战结束以后，大韩民国政府宣布成立，韩国银行随之成立。韩国第一次拥有了与世界先进国家相似的现代货币体制，并由此向着繁荣之路迈进。

参 考 文 献

《韩国银行十五年史》韩国银行编，1965。

《朝鲜银行五年史》朝鲜银行编，1916。

《韩国造币公社十年史》韩国造币公社编，1961。

《日本纸币大系图鉴》大桥义春著，1957。

《大藏省印刷局史》日本大藏省印刷局编，1962。

《日本经济史辞典》全二卷，日本经济史研究所编，1940。

《体系金融辞典》东洋经济新报社编，1953。

《国际通货制度》小野朝男著，1953。

《日本金融制度史》坂入长太郎著，1950。

译者附录

一、历代年表

高句丽（公元前 37 ～ 668 年）

东明圣王	公元前 37 - 公元前 19 年	山上王	197 - 227 年	长寿王	413 - 491 年
琉璃王	公元前 19 - 18 年	东川王	227 - 248 年	文咨明王	491 - 519 年
太武神王	18 - 44 年	中川王	248 - 270 年	安藏王	519 - 531 年
闵中王	44 - 48 年	西川王	270 - 292 年	安原王	531 - 545 年
慕本王	48 - 53 年	烽上王	292 - 300 年	阳原王	545 - 559 年
太祖王	53 - 146 年	美川王	300 - 331 年	平原王	559 - 590 年
次大王	146 - 165 年	故国原王	331 - 371 年	璎阳王	590 - 618 年
新大王	165 - 179 年	小獸林王	371 - 384 年	营留王	618 - 642 年
故国川王	179 - 197 年	故国壤王	384 - 391 年	宝藏王	642 - 668 年
		广开土大王	391 - 413 年		

百济（公元前 18—663 年）

温祚王	公元前 18 – 28 年	契王	344 – 346 年	三斤王	477 – 479 年
多娄王	28 – 77 年	近肖古王	346 – 375 年	东城王	479 – 501 年
己娄王	77 – 128 年	近仇首王	375 – 384 年	武宁王	501 – 523 年
盖娄王	128 – 166 年	枕流王	384 – 385 年	圣王	523 – 554 年
肖古王	166 – 214 年	辰斯王	385 – 392 年	威德王	554 – 598 年
仇首王	214 – 234 年	阿莘王	392 – 405 年	惠王	598 – 599 年
沙洋王	234 – 234 年	典支王	405 – 420 年	法工	599 – 600 年
古尔王	234 – 286 年	久尔辛王	420 – 427 年	武王	600 – 641 年
责稽王	286 – 298 年	毗有王	427 – 455 年	义慈王	641 – 660 年
汾西王	298 – 304 年	盖卤王	455 – 475 年	丰王	660 – 663 年
比流王	304 – 344 年	文周王	475 – 477 年		

新罗（公元前 57—935 年）

赫居世	公元前 57 – 4 年	讷祗王	417 – 458 年	元圣王	785 – 798 年
南解王	4 – 24 年	慈悲王	458 – 479 年	昭圣王	798 – 800 年
琉璃王	24 – 57 年	炤知王	479 – 500 年	哀庄王	800 – 809 年
脱解王	57 – 80 年	智证王	500 – 514 年	宪德王	809 – 826 年
婆婆王	80 – 112 年	法兴王	514 – 540 年	兴德王	826 – 836 年
祗摩王	112 – 134 年	真兴王	540 – 576 年	僖康王	836 – 838 年
逸圣王	134 – 154 年	真智王	576 – 579 年	闵哀王	838 – 839 年
阿达罗	154 – 184 年	真平王	579 – 632 年	神武王	839 – 839 年
伐休王	184 – 196 年	善德女王	632 – 647 年	文圣王	839 – 857 年
奈解王	196 – 230 年	真德女王	647 – 654 年	宪安王	857 – 861 年
助贲王	230 – 247 年	武烈王	654 – 661 年	景文王	861 – 875 年
沾解王	247 – 261 年	文武王	661 – 681 年	宪康王	875 – 886 年
味邹王	262 – 284 年	神文王	681 – 692 年	定康王	886 – 887 年
儒礼王	284 – 298 年	孝昭王	692 – 702 年	真圣女王	887 – 897 年
基临王	298 – 310 年	圣德王	702 – 737 年	孝恭王	897 – 912 年
讫解王	310 – 356 年	孝成王	737 – 742 年	神德王	912 – 917 年
奈勿王	356 – 402 年	景德王	742 – 765 年	景明王	917 – 924 年
实圣王	402 – 417 年	惠恭王	765 – 780 年	景哀王	924 – 927 年
		宣德王	780 – 785 年	敬顺王	927 – 935 年

高丽（918—1392 年）

太祖	918 – 943 年	宣宗	1083 – 1094 年	忠烈王	1274 – 1308 年
惠宗	943 – 945 年	献宗	1094 – 1095 年	忠宣王	1308 – 1313 年
定宗	945 – 959 年	肃宗	1095 – 1105 年	忠肃王	1313 – 1339 年
光宗	949 – 975 年	睿宗	1105 – 1122 年	忠惠王	1330 – 1344 年
景宗	975 – 981 年	仁宗	1122 – 1146 年	忠穆王	1344 – 1348 年
成宗	981 – 997 年	毅宗	1146 – 1170 年	忠穆王	1348 – 1351 年
穆宗	997 – 1009 年	明宗	1170 – 1197 年	恭愍王	1351 – 1374 年
显宗	1009 – 1031 年	神宗	1197 – 1204 年	祸王	1374 – 1388 年
德宗	1031 – 1034 年	熙宗	1204 – 1211 年	昌王	1388 – 1389 年
宣宗	1034 – 1046 年	康宗	1211 – 1213 年	恭让王	1389 – 1392 年
文宗	1046 – 1083 年	高宗	1213 – 1259 年		
顺宗	1083 – 1083 年	元宗	1259 – 1274 年		

李氏朝鲜（1392—1910 年）

太祖	1392 – 1398 年	燕山君	1494 – 1506 年	肃宗	1674 – 1720 年
定宗	1398 – 1400 年	中宗	1506 – 1544 年	景宗	1720 – 1724 年
太宗	1400 – 1418 年	仁宗	1544 – 1545 年	英祖	1724 – 1776 年
世宗	1418 – 1450 年	明宗	1545 – 1567 年	正祖	1776 – 1800 年
文宗	1450 – 1452 年	宣祖	1567 – 1608 年	纯祖	1800 – 1834 年
端宗	1452 – 1455 年	光海君	1608 – 1623 年	宪宗	1834 – 1849 年
世祖	1455 – 1468 年	仁祖	1623 – 1649 年	哲宗	1849 – 1863 年
睿宗	1468 – 1469 年	孝宗	1649 – 1659 年	高宗	1863 – 1907 年
成宗	1469 – 1494 年	显宗	1659 – 1674 年	纯宗	1907 – 1910 年

二、货币史大事记

王朝纪年	年代	大事纪要
箕子朝鲜兴平王元年	公元前 957 年	大小两种子母钱
卫满朝鲜时期	公元前 194 – 公元前 108 年	出现明刀钱
乐浪郡时期	公元前 108 – 313 年	流通五铢钱

续表

王朝纪年	年代	大事纪要
辰韩时期	公元前 108 年	辰韩国出铁，交易用铁，如中国用钱
新罗时期	公元前 57 - 935 年	铸造金、银无纹钱；使用金锭、银锭、铁锭
高丽成宗 15 年	996 年	始铸方孔圆形铁铸钱（乾元重宝背东国铁铸钱和无文钱）
高丽肃宗 2 年	1097 年	设铸钱官一职，铸造三韩通宝、三韩重宝、东国通宝、东国重宝、海东通宝、海东重宝等钱币
高丽肃宗 6 年	1101 年	宗朝宣告用钱事宜，铸造大银瓶
高丽肃宗 7 年	1102 年	制定鼓铸法，铸造海东通宝一万五千贯
高丽忠烈王 8 年	1282 年	公布折米率
高丽忠烈王 13 年	1287 年	流通碎银；同年，元朝纸币流入国内
高丽忠宣王元年	1309 年	元朝宣告至大银钞流通事宜
高丽忠肃王 15 年	1328 年	整顿银瓶市场
高丽忠惠王元年	1331 年	新铸小银瓶
高丽恭愍王 5 年	1356 年	探讨标银发行
高丽恭愍王 13 年	1364 年	文益渐将木棉种子引进国内
高丽恭让王 3 年	1391 年	废除弘福都监，新设司瞻楮币库印制楮币
高丽恭让王 4 年	1392 年	烧毁楮币
太宗元年	401 年	设立司瞻署，制定楮币法并印发楮币
太宗 2 年	1402 年	并用五升布
太宗 3 年	1403 年	废除司瞻署，停止流通楮币
太宗 8 年	1408 年	银瓶停止流通
太宗 10 年	1410 年	楮币复用，麤布禁止流通
太宗 15 年	1415 年	户曹试铸朝鲜通宝
世宗 2 年	1420 年	户曹制定楮币兴用法
世宗 5 年	1423 年	朝鲜通宝真书体发行
世宗 6 年	1424 年	铜钱作贯法出台
世宗 7 年	1425 年	新铸朝鲜通宝一万二千五百三十七贯，楮币停止流通

王朝纪年	年代	大事纪要
世宗 27 年	1445 年	楮币复用
世祖 10 年	1464 年	新铸十万箭币
宣祖 25 年	1592 年	流通明朝输送的"中国银子"
仁祖 3 年	1625 年	始铸朝鲜通宝 60 贯
仁祖 5 年	1627 年	丁卯胡乱爆发，铸钱工作中断
仁祖 11 年	1633 年	八分书朝鲜通宝发行
仁祖 22 年	1644 年	八分书朝鲜通宝投入平安道试用
孝宗元年	1650 年	引进中国钱币投放平壤、安州等试点使用
孝宗 5 年	1654 年	京中公布用钱令，京畿地区流通中国钱币
孝宗 7 年	1656 年	中国钱币停止流通
肃宗 4 年	1678 年	初铸常平通宝（叶钱）单字钱
肃宗 5 年	1679 年	发行折二钱
肃宗 6 年	1680 年	折二钱通用价格暴跌，国家严禁户曹以外官营铸币
肃宗 7 年	1681 年	御营厅辅助户曹铸造折二钱
肃宗 8 年	1682 年	全罗监营恢复铸币权
肃宗 12 年	1686 年	平安监营恢复铸币权
肃宗 13 年	1687 年	李元翼提出"布货论"
肃宗 15 年	1689 年	铸钱禁令出台
肃宗 17 年	1691 年	铸钱禁令有所缓和，开城管理营获得铸币权
肃宗 18 年	1692 年	总戒厅从清朝燕京地区购入一万两白银铜料
肃宗 20 年	1694 年	御营厅辅助户曹铸币
肃宗 21 年	1695 年	岭东地区铸币 40 万～50 万两；御营厅以十月为期铸币
肃宗 42 年	1716 年	市场铜钱稀少昂贵；国家回收铜器、残币
肃宗 43 年	1717 年	平安监营铸币，一月之后停止
景宗 4 年	1724 年	户曹小范围铸币，翌年停止
英祖 3 年	1727 年	国家用纯木进行收支结算
英祖 7 年	1731 年	6 月，关西地区全面禁止流通铜钱；10 月，户曹和赈恤厅设置铸钱所，铸钱赈灾

续表

王朝纪年	年代	大事纪要
英祖 11 年	1735 年	当十大钱试铸；翌年，发行议案被驳回
英祖 18 年	1742 年	全国各道发布铸钱令，此后 15 年，共铸常平通宝十一种
英祖 26 年	1750 年	试铸当十大钱，但未能发行
英祖 28 年	1752 年	新铸中型常平通宝四十四万四千两
英祖 45 年	1769 年	铜钱外流现象严重，国家禁止关西江边和北关江边的铜钱流通
正祖 2 年	1778 年	增设五个铸钱炉冶
正祖 8 年	1784 年	国内铜钱产量严重不足，常平厅购买铜料
正祖 9 年	1785 年	设立度支部监管铸钱工作，训练都监新铸钱币六十七万两
正祖 10 年	1786 年	朝廷增设铸币设施，将钱币铸造定额增加至一百万两
正祖 16 年	1792 年	铸币工作困难重重，国家购入十万清钱
正祖 17 年	1793 年	朝廷开始生产高于常平通宝十倍价格的十钱通宝
正祖 18 年	1794 年	五十万两十钱通宝投入市场，流通失败
正祖 22 年	1798 年	小型常平通宝面市
纯祖 7 年	1807 年	均役厅设置铸钱所，生产三十万两铜钱
纯祖 9 年	1809 年	背均字小型常平通宝面市
纯祖 13 年	1813 年	当二大钱论议；咸镜道新铸背咸字小型常平通宝六万五千两
纯祖 14 年	1814 年	户曹和宣惠厅铸造背户字、背宣字小型常平通宝三十二万六千四百两
纯祖 16 年	1816 年	开城管理营铸造背开字小型常平通宝钱；当十大钱论议
纯祖 17 年	1817 年	北部国境颁布禁钱令
纯祖 23 年	1823 年	禁卫营统一管理倭铜
纯祖 25 年	1825 年	禁卫营新铸背禁字小型常平通宝三十六万七千五百两

王朝纪年	年代	大事纪要
纯祖 28 年	1828 年	训练都监辅助宣惠厅铸币
纯祖 31 年	1831 年	京畿监营铸币；北部国境禁钱令有所缓和
纯祖 32 年	1832 年	训练都监和户曹共铸新币七十八万一千三百两
宪宗 2 年	1836 年	户曹、宣惠厅、各衙门共同负责铸币；广州管理营获得铸币权
宪宗 5 年	1839 年	广州管理营新铸背圻字小型常平通宝钱
哲宗 3 年	1852 年	江原监营获得铸币权
哲宗 6 年	1855 年	户曹新铸背户字小型常平通宝一百五十七万一千五百两
哲宗 8 年	1857 年	户曹和训练都监新铸背户字小型常平通宝九十一万六千八百两
哲宗 13 年	1862 年	咸兴营铸造背利字小型常平通宝钱
高宗元年	1864 年	朝廷对咸兴营下达铸钱禁令
高宗 3 年	1866 年	朝廷全面禁止西欧冲制货币（墨西哥银币、西班牙银币等）的使用；增设炉冶铸造常平通宝当百钱；公布参互流通法
高宗 4 年	1867 年	当百钱停止生产；清国钱币（嘉庆通宝、道光通宝、同治通宝等）投入使用
高宗 5 年	1868 年	当百钱停止流通
高宗 11 年	1874 年	清钱停止流通
高宗 18 年	1881 年	武卫所新铸背武字小型钱币
高宗 19 年	1882 年	德国人穆麟德指导户曹生产大东一钱、二钱、三钱
高宗 20 年	1883 年	背户字当五钱面市；新设典圜局
高宗 21 年	1884 年	日本第一银行代理海关税收取业务，发行第一银行海关支票；穆麟德担任典圜局总管，试铸近代压铸货币
高宗 22 年	1885 年	日本工匠试铸五文铜币和一两银币
高宗 23 年	1886 年	试铸 20、10、5、2、1 圜金币；5、2、1、半两银币；20、10、5、2、1 文铜币

续表

王朝纪年	年代	大事纪要
高宗 24 年	1887 年	新式压铸货币批量生产
高宗 25 年	1888 年	1 圜银币、10 文、5 文铜币面市
高宗 27 年	1890 年	典圜局在平壤设立分所，铸造背平字当五钱
高宗 29 年	1892 年	仁川新设典圜局，增田信之任监管
高宗 30 年	1893 年	兑换署印发四种户曹兑换券，但未能面市；收回典圜局运营权，户曹兑换券集中销毁；国家改造五两银币，票面改用 1 圜标注
高宗 31 年	1894 年	中日战争结束；公布新式货币发行章程全七条
高宗 34 年	1897 年	高宗宣布大韩帝国成立
光武 2 年	1898 年	银刻日本银元流通；俄国在汉城开设俄韩银行，三个月后关闭
光武 4 年	1900 年	龙山典圜局成立，二钱五分白铜币大量铸造
光武 5 年	1901 年	李容翊担任度支部大臣，推行币制改革，禁止日本银元流通；将货币划分为 7 种，后被日本军队没收；日本发行铁道票券
光武 6 年	1902 年	向美国购入二百万元白铜；第一银行发行不记名银行券
光武 8 年	1904 年	日本在韩国境内发行第一银行小额券；韩日签署《韩日条约》；典圜局关闭；大阪造币局负责铸币
光武 9 年	1905 年	政府公布《关于货币条例实施的文件》；旧货币整理工作开始
光武 11 年（隆熙元年）	1907 年	旧货币整理工作结束
隆熙 3 年	1909 年	旧韩国银行成立
隆熙 4 年	1910 年	韩日合邦，大韩帝国灭亡

三、专业词汇对照表

中文	韩文	注解
铸币	주화	铸造货币，将金属加热熔化成流体后，浇入钱范（模型）中制成钱币，源于中国。
现金	정화	金属货币
现金准备发行制度	정화준비발행	中央银行根据持有的现金准备发行同等金额的可兑换银行券或纸币
证券保证准备发行制度	보증준비발행	并非依据现金准备发行，而是依据债券、支票等有价证券作为准备发行纸币的制度。
可兑换银行券	태환은행권	中央银行依据金本位制度发行的银行券，代替黄金在市面流通，可以以此从中央银行兑换黄金。
不可兑换银行券	불환은행권	不能兑现黄金，凭借国家信用、通过信用渠道发行和流通的货币。
无文字土器系文化	무문토기문화	新石器时代晚期到青铜器时代早期分布在朝鲜半岛以及中国东北边疆的外域传入文化。
有文字土器系文化	유문토기문화	新石器时代晚期来源于西伯利亚的外域传入文化。
金石并用时期	금석병용기	又称铜石并用时代，是新石器时代到青铜时代之间的人类物质文化发展的过渡性阶段。
金属材料	지금	元素金属块，可制成大小不一，成分不同的金属制品的原材料。加工后的地金，又称錠。
背东国钱	배[동국]전	高丽成宗时期钱币，背面铭文"东国"二字。
无文钱	무문전	没有铭文的钱币。
锻造	단조	同"锻造"，用锤打造金属，使其改变物理性能、形状和大小的一种加工方式。
麤布	추포	质地布纹较粗的布。
折二钱	절이전	钱币背面铭文"二"字，多见于李朝常平通宝钱。
楮币	저화	高丽末期到朝鲜初期使用的纸币。
布币	포화	麻布、棉布、苧麻布、棉绳等物品货币。
五升布	오승포	质地中等的棉布，布货的一种。
八方通货	팔방통화	李朝时期箭币底端上的铭文。
银瓶	은병	有大、小银瓶，高丽时期货币。

中文	韩文	注解
倭铜	왜동	日本生产的铜。
叶钱	엽전	源于中国的铜钱，常平通宝的开端。
典圜局	전환국	高宗20年（1883年）年设置，光武8年（1904年）废除的国家造币机构。
户曹兑换署	호조태환서	高宗29年（1892年）年设置的货币兑换机构，主要负责新旧货币的兑换和整理。
素钱	소전	圆形板金，加工后成为钱币。
圜	환	韩国近代货币单位；1901年货币条例公布的货币单位；1953年第二次货币改革中的货币变更单位。
文	문	铜钱最小货币单位（朝鲜通宝、常平通宝）；100文=1两（常平通宝）。
钱	돈	铜钱重量单位，1文=2钱5分（常平通宝）；新式货币单位。
分	푼	铜钱重量单位，1文=2钱5分（常平通宝）；新式货币单位。
两	량	铜钱基本货币单位（朝鲜通宝、常平通宝）；近代本位货币单位。1两=10钱=100分（1894年）。
贯	관	铜钱最大货币单位（朝鲜通宝、常平通宝）；楮币单位；1贯约为10两（常平通宝）。
圆	원	日本货币单位，同"円"。
元	원	韩国货币单位，第三次货币改革后使用至今。
硕	석	容量（体积）单位。1硕折合144 kg（大米），138 kg（大麦），150 kg（绿豆），135 kg（大豆），50 kg（红豆）。
银字日本银元	인자각인일본원은	在日本银元上铭文"银"字后流通于朝鲜的日本货币。
流通票券	사불수형	源于日语，银行券、支票、汇票等。
韩钱预置支票	한전예치어음	日本商人发行支票。
同顺泰票	동순태표	清国商人发行支票。

中文	韩文	注解
广通社票	광통사표	韩国人为替会社发行支票。
铁道票券	철도표	日本人在京釜线铁道工地发行支票。
管理发行制度	관리통화제도	发行的增减不牵动准备金，而是根据发行管理者（中央银行）的自由裁定调节发行量的制度。
发行准备金	예치금	银行准备金。
提示付款	지급지시	支票持有者要求支付人进行兑现支付的行为。
无准备制度	굴신제한법	在发行银行券时，根据需要在证券保证准备发行制度以外的银行券制度。